新たなる戦略への旅路

ストーリーから学ぶロードマップ戦略

ROADMAPS
AND
REVELATIONS

Paul R. Niven 著／清水 孝 訳

税務経理協会

ROADMAPS AND REVELATIONS :

Finding the Road to Business Success on Route 101

by Paul R. Niven

訳者まえがき

戦略を策定する。それは企業経営における基本中の基本であると考えられている。環境変化の激しい今日において、戦略は不可欠である。企業の存在意義を示す社是があり、中期的な達成目標であるビジョンを求め、そしてそれを実行するための優先順位の高い行動のパターン、それが戦略である。書店には「戦略」と名のついた書物が群れをなしている。著名な戦略の大家としては少し考えただけでも、アンゾフやチャンドラーに始まり、マイケル・ポーター、アンリ・ミンツバーグ、マイルズとスノウ、近年では、ブルー・オーシャンのキムとモボルニュなどが挙げられる。もはや、戦略とは企業経営にとって特別なものではなく、当然あるべきものであり、トップ・マネジメントは素晴らしい戦略を策定するために日々努力しているはずである。ところが、有効な戦略を実際に策定できているかと言えば、必ずしもそうではないようである。

本来、管理会計の研究を主とする訳者が、専門ではない戦略に関する本書の翻訳を決めたのは、バランスト・スコアカードの研究・実務を通じて得た問題意識からであった。著者のニヴンが自身のイントロダクションでも述べているように、バランスト・スコアカードは戦略を成功裡に遂行するためのツールである。つまり、バランスト・スコアカードを作成するということは、戦略を具体的な行動、すなわちアクション・プランに導いて行き、これを組織の中にいるすべての従業員に対して理解できるように示し、そして、成功の未来予想図を実現することである。そのためには、戦略は絶対に不可欠である。

しかし、訳者の経験では（そして、バランスト・スコアカードのコンサルタントとして豊富な経験を有する著者の経験でも）、いざ「戦略とは何か」という質問を前にして、自分の組織の戦略を明確に答えられる人は多くなかった。戦略が重要であることは誰でも知っているのに、コスト・リーダーシップと差別化も創発戦略もブルー・オーシャン戦略もこれほど有名なのに、自分達の戦略が何なのかはもちろん、どのように作成すればよいのか、明確な方法論を持っていない組織が多いことに直面してきた。それは、戦略論の不備ではなく、個々の戦略論は理解されているにもかかわらず、それらを組み立てて自社の戦略として作り上げていく**戦略計画**が欠落しているからである。こうした状況を受けて、かねて訳者は、バランスト・スコアカードが戦略マネジメント・システムのツールであり、戦略を成功裡に遂行するためのものであるが、時に並行して戦略の策定につながる場合もあると定義した程である。しかし、どのように戦略を策定するのかにまでは触れる機会を持たなかった。

著者のポール・ニヴンもバランスト・スコアカードのコンサルタント経験を通じて、同様の疑問を持っていたようである。そして、これまでの戦略論の記述を踏まえて、誰でも容易に理解できるような戦略を策定するための計画に関する本を著した。それが本書、『新たなる戦略への旅路 - ストーリーから学ぶロードマップ戦略』（*Roadmaps and Revelations: Finding the Road to*

Business Success on Route 101）である。

本書は、働いていた会社が売却され、新たに幹部となった上司から戦略計画をわずか3日間で作ることを命じられたローリーというマネジャーが、その任務に悪戦苦闘する状態を、投資家であり戦略家でもあるシドニーが、さまざまな知見を授けながら支援して行く物語の形にまとめられている。次々に訪れる事件をひとつひとつ解決し、そのたびに**新発見**をしながら戦略計画を学ぶ**ロードマップ**が示されているのである。この物語は、アメリカ西海岸、カリフォルニア州サンフランシスコ北部のワインカントリーであるナパに始まり、サンフランシスコ、モントレー、パソ・ローブルス、ピスモ・ビーチ、ロスアンゼルス、そしてサン・ディエゴに至る国道101号線をドライブしながらつづられている。読者がこの地方を訪れた経験があるならば、その美しい景色を思い浮かべながら読み進めるのも楽しいであろう。カリフォルニアの名所旧跡を訪れ、さまざまな問題をシドニーの助けを借りてローリーと共に考察する旅を進めるうちに、戦略策定のための重要なプロセスを体得できるのである。

ニヴンの著書を翻訳するのは3回目となった。今回も、何度となく彼とは連絡を取り合い、疑問を持った部分については徹底的に議論しながら翻訳を進めた。よりよい翻訳にするためとはいえ、度重なる質問に対していつも適切な回答をしてくれたニヴンの好意には感謝したい。最後に、出版を認めていただいた税務経理協会と担当してくださった峯村英治氏には多大な励ましをいただいた。記して感謝申し上げる。

春の北の鎌倉、我孫子の自宅にて
２０１１年３月　清水　孝

目次

イントロダクション

10年以上にわたり、バランスト・スコアカードの世界に没頭し、どのようなタイプ・規模の組織でもこの強力なツールを効果的に用いられるよう支援できることは、私にとって幸いなことである。このスコアカード・システムは、1990年代初期にロバート・キャプランとデビッド・ノートンが戦略遂行のためのツールとして開発したものである。実際、彼らの最初の著書『バランスト・スコアカード』の副題は、「戦略を実行に移す」となっている。バランスト・スコアカードには、そのフレームワークを用いたいと考えている組織はすでに戦略を策定しており、その戦略をこの実証済みの方法論を使って実施したい考えを持っているという前提が伴う。

しかし、バランスト・スコアカードを求めている組織が実際のところ、適切な戦略を有しているという前提は妥当なのだろうか。私の経験から言わせてもらえれば、「NO」である。私が新しいクライアントと仕事を始める際にまず最初に尋ねる質問の1つが、「戦略計画を拝見できますか?」というものである。このシンプルで単刀直入な質問が長年にわたって多くの反応をもたらしてきた。「冗談でしょ」とでも言いたげに、驚いて目をぎょろぎょろさせる者から、「えっ!ミッションらしきものはありますが、本質的に戦略というものはまったくないんです」という者までさまざまである。もっとも厄介なのが、「戦略? そんなものありません。だから、バランスト・スコアカードを作成しようとしているんじゃないですか」という回答である。なぜこの最後の回答が一番厄介かと言えば、前述の通り、バランスト・スコアカードは戦略遂行を促すためのものであり、戦略を作り出すためのものではないからである。

戦略計画を持っている数少ない貴重な組織についても、「戦略」という用語を使ってはいるが、計画書を見ると実際の成果が著しく欠けているように思われる。計画と言えば、しばしばピーター・ドラッカーがかつて述べていた言葉を思い出す。「よい意図を盛り込んだヒーロー・サンドイッチ（訳注：細長いパンに薄切り肉、野菜、チーズなどをはさみ込んだ大きなサンドイッチ）」（注1）、すなわち、組織が達成したいと夢見ることをすべて挙げた願い事リストになってしまっているということである。競合する代替案に優先順位をつけるという選択の問題は、適切に戦略を作り出す上で付き物だが、提示された計画書には残念ながらその選択がなされていない。戦略の領域でその対極にあるのが、概して構成が不十分なミッション・ステートメントに関連したあいまいで一般的な言葉、空疎で陳腐な言葉、はやりのキャッチフレーズなどが含まれている戦略計画である。

ひょっとして悲惨な最終結果の責任は、世界中の取締役室や会議室で行われる計画策定**プロセス**にあるのではないだろうか。この件に関する調査や経験により、それが実情と言えよう。マッキンゼーの最近の報告によれば、調査した取締役８００名のうち45％しか戦略計画策定プロセスに満足していないという結果が出た（注2）。そして、主要な戦略的意思決定が計画策定プロセスの中で行われていると答えたのは、たった23％である。この件に関する以前の調査では、こっけいとも言えるが、もっとさらに驚くようなことがわかった。マネジャーの中には、自分達が何を言っても無駄なため年次計画策定プロセスをひどく嫌っている者がいると思われる。自分達の仕事を、計画策定を目的とする他の戦略ビジネス・ユニット（ＳＢＵｓ）に組み入れようと提言し、彼らは一貫して戦略計画の策定を敬遠しているのかもしれない（注３）。おそらく、彼らが参加するのを嫌がるようになったのは、多くの組織において、戦略計画の策定は洞察力に富んだ分析行為から、ただ複雑な計算を強いられるだけの逸脱した行為へと変わってしまったことに原因があるのだろう。

真に戦略計画と言えるものがないこと、また組織が活気づくような計画策定プロセスがないことから、私は本書を執筆するに至った。もちろん、このテーマを巡って論じるのは私が先駆者ではなく、実際、比較的短期間のうちに、この分野には何千という書籍、論文、学説、セミナー、白書、ブログなどが生まれた。マイケル・ポーター、アンリ・ミンツバーグ、マイケル・レイナー、Ｗ・チャン・キム、ルネ・モボルニュ、その他この分野の研究に携わり、多くの情報を提供し、研究結果をわれわれのために共有させてくれた人々に多大な恩義を負うている。上述の人々を始めとする多くの研究者達が、学問的な立場や概念的な角度から戦略を示すという偉業を成し遂げてきたが、以前から厄介とされてきたおじけづきそうなこのテーマについて、もっと知りたいと熱望している多くの読者の心をとらえるには、より簡単な新しいアプローチが必要だと感じている。

『新たなる戦略への旅路』はフィクションではあるが、現実に基づいたものであり、１人の男が組織のために戦略計画を策定するという課題に直面する物語である。教訓を盛り込んだストーリー仕立てにしたのは、他のジャンルでは容易に語れない物語ならではの方法で伝えられるからである。読者はストーリーに没頭し、登場人物に感情移入し、彼らが巻き込まれた状況を認識する。そして、もっとも重要なこととして、多くの人がストーリーからより多くのことを効果的に学び、覚えることができるのである。本書は物語の中で述べられた重要な原理とプロセスの概略を要約したセクションで締めくくられている。

時折、「今ビジネスにおいて何が話題になっていますか？　最先端にあるものは何ですか？」と尋ねられることがある。単純に本や論文、その他の媒体の量といった点から言えば、答えは「遂行すること」である。今どこにでもある問題であるかもしれないが、われわれが直面している経済状況をきちんと考えた場合でも、遂行するということは永遠の原則であり、これまでもそうであったし、これから先もずっとそうであろう。遂行できずにいる未解決の組織は絶え間なく、それを追い求めているのである。しかし、遂行という門をくぐり抜けるためには、実際に遂行するための何かを持たなければならない。その何かが戦略なのである。簡明な戦略、つまりわかりやすく、それに基づいて行動しやすい戦略がなければ、方向が定まらないまま、組織を有意味な決然たる方法で導くことができない。そして究極的には、時によって変わる風がビジネス界に吹きつければ、組織はすべてされるがままの状態になってしまう。本書を読めば、簡潔でありながらも強力な戦略を策定する方法がわかり、その戦略を用いて進路を成功へと導くことができるだろう。読者の成功をお祈りすると共に、読者自身の戦略ストーリーを是非お聞かせ願いたい。

付　言

追加情報については、www.roadmapstrategy.comを参照していただきたい。読者が自身の戦略を作成する際に役立つ一連のガイド付きエクササイズが載っている。そこではロードマップ戦略プロセスを用いて作業を進め、それに沿って自分自身の進捗度を描くことができる仕組みになっており、それによって容易に戦略計画の策定を進められるツールや手段が見つかるはずである。さらに、戦略策定および遂行に着手する際に役立つサイトが他にもいくつかある。

（注）

1．Peter F. Drucker, *Managing the Nonprofit Organization*, New York, Harper Business, 1990, p.5.（上田惇生・田代正美訳『非営利組織の経営－原理と実践』ダイヤモンド社、１９９１）

2．Renee Dye and Olivier Sibony, "How to Improve Stratregic Planning," *McKinsey Quarterly*, August 2007.

3．Henry Mintzberg, *The Rise and Fall of Strategic Planning*, New York, The Free Press, 1994, p.100.（崔大龍・中村元一・黒田哲彦・小高照男訳『戦略計画－創造的破壊の時代』産能大出版部、１９９７）

第1章　緊急会議

「当ホテルは、ご満足いただけましたでしょうか?」

パンフレットによれば、ナパでは最高級と言われているアーム・オブ・ゴールド・リゾートアンドスパのフロント係が自信ありげにこう話しかけてきた。それは尋ねるというよりは、よい感想を求めているようであった。ローリー・アンガス・ニューマンは、頭を上げることなく、出された請求書に視線を落としたまま、「ええ、快適でしたよ」と非常に好意的な返事をした。請求書の控えにサインをしていると、誰かが近づいてくるのを感じた。誰だろうと思いながら振り返った時、迫ってきたブライアン・リトナウアーとぶつかった。

「5分後にメルロー・ルームで緊急会議だ」

ブライアンは、キトリッジ社のエグゼクティブレベルのメンバーを捜してホテル中を走り回っていたため、息を切らせていた。

ローリーは肩をすくめ、自分の荷物を持って、コーヒー・マシーンへと直行した。つかの間の安らぎといったところだろう。マーク・オールストンは自信に満ちた歩き方で、コツコツと靴音を立てながら、大股でロビーを横切っていたが、ローリーがフレンチバニラをラージサイズのカップになみなみと注いでいるのを見つけると、足を速めた。ローリーはうつむいたままじっとしていたが、その甲斐もなく、マークはすぐにやってきた。「ニューマン、どうやら君にはよくないニュースのようだね」とマークは大声で話しかけてきた。無料の朝食バイキングに来ている大勢のホテルの常連客の中には、それに気づく人もわずかながらいた。ローリーはコーヒーを一口飲み、宿敵ともいえる彼に向かってそっけなく言った。

「何のことだい？　マーク」

「まずい状況のようだと言ったんだよ」

「何がまずいって？」

と、今度はローリーはいささかいらいらしながら言った。

マークが一歩近づいてきた。短く刈り込んだ彼の赤毛とシャープな顔立ちは、今朝のお勧めであるワッフルとパンケーキを温める赤外線ランプの明かりに照らされて、輝いていた。

「売却のことだよ。そのためのミーティングでしょ。いよいよキトリッジさんも降参し、その王国をオリベンヘイン社に売ることになる。まあ、現在の計画で進められていることに、みんな黙ってはいられないだろうね」

彼は6時のニュースを伝えるキャスターのように、わざとちょっと間を置いてから、「僕が君だったら（if I was you）、そのレジュメを練り上げるよ」と付け加えた。

「それを言うならwasではなくて if I were you でしょう。大学院ではそんなことも教わらないんですか」

「そんなことより、肝心なのは、余命いくばくもないってことだ」

言いたいことを言い終えると、マークは他人のクリスマスを台無しにしたグリンチ（訳注：童話 *How the Grinch Stole Christmas* に登場する生き物）のように笑みを浮かべ、こそこそと立ち去って行った。ローリーは一呼吸置いてから、カントリーキッチン風の部屋を見回してみた。すると、少なくとも10人余りの人が彼の方をじろじろと見つめていた。おそらく、同僚に話したくなるような面白い企業の裏話を耳にして、わくわくしているのだろう。彼はコーヒーカップにふたをし、素早くカバンを取り、表示に従ってメルロー・ルームへ向かった。

第2章　挑　戦

多くのホテルにある会議場と同様、メルロー・ルームは派手な模様で飾られていたが、カーペットは少しばかり使い古されており、ベージュ色の壁には無数の画鋲の跡が残され、長年壁に貼られたマスキングテープは破れていた。テーブルはUの字型に並べられ、それぞれにオフホワイトのテーブルクロスが掛けられている。頭上の間接照明のせいで、部屋全体に薄気味悪い雰囲気が漂っている。

ローリーは、よき友人であり同僚であるメルビル・ベルの隣の席に腰を下ろした。メルビルは大きめなべっこう縁のメガネをかけ、はげた頭が柔らかな照明に当たって光り、人なつっこく邪気のない表情を醸し出す人物である。

「おはよう、メル。いったい何事だ？　カーソンの隣にいるのは誰だ？」

ローリーは、会社の尊敬すべき創立者であり社長のカーソン・キトリッジの隣に座っている、典型的な「重役」タイプの人物の方に顎を突き出して尋ねた。カーソンとその人物は、山積みの書類を綿密に吟味し、時折印をつけている。どうやら、彼らの前で熱い視線を送りながら座っている一団のことなど、気にも留めていないようである。

メルビルは、ガラスのコップを持ち上げて、それを水晶球のようにして見ながら言った。

「これから間もなく大きな変化が起こるのが見える。それも驚異的な変化だ」

テーブルのまわりにチーム・メンバーが招集されると、カーソンはゆっくり立ち上がり、話を始めた。

「おはよう、諸君。急なことで申し訳ない。諸君の多くは、今日も仕事があり、オフィスに戻りたかったことだろう。私は…」

彼は少し口ごもり、隣の男を見下ろした。

「ここでは手短に述べるに留めておくが、これから先、当然もっといろいろなことが君達の耳に入ることだろう。われわれはこの2日間、美しいこのリゾート地で、次年度の計画について議論してきた。大方議論はうまくいったと聞いているが、お気づきの通り私はその場にいなかった。また、わが社に関して噂が流れていることも知っているだろう」

彼は自らを落ち着かせるかのように、一呼吸置いた。

「実は、その噂は事実なのである。昨夜、わがキトリッジ社をオリベンヘイン社に売却することに同意した」

噂の真相が明らかになると、テーブルのまわりで人々は皆顔を見合わせ、あちらこちらからはっと息をのむ様子がうかがえた。

「われわれは皆、わが社の成長を願っているのであり、オリベンヘイン社が国際的企業で、買収の成功に確かな実績があることから、私はわれわれ全員にとって、この決定が正しいと確信したのだ」

マークはローリーの方に視線を投げかけ、にやっとした。オリベンヘイン社の系列会社に入ることによって生じるシナジーについて、カーソンがだらだらと話を続けていたため、ローリーの集中力は薄れていった。

ローリーは15年前、大学卒業と同時に会計担当者としてキトリッジ社に入社した。同社は、富裕層向けのスポーツクラブやホテルに高級有酸素運動機器（トレッドミル、ステアクライマーやエリプティカルマシーン）を搬入している製造・販売会社であり、フィットネスに高い関心を寄せる彼にとってはうってつけだった。ローリーは高校時代、陸上競技の州代表選手であり、男らしいランナーとしての容姿を備え、数年にわたって多くの人の羨望の的だった。彼は面接を受けたが、その中で、当時、周知のことながらキトリッジ社は、キャデラックのごとく業界ナンバーワンだと人事部長が誇らしげに言った。当時でさえ、そのたとえは少々時代遅れのように思われたが…たった1回の非公式な面接ではあったが、その後に受けた入社のオファーに彼は飛びついたのである。

ローリーが入社した頃、キトリッジ社の名前は業界内で定着していた。同社はサンフランシスコ地区にある業務本部から、全米に運動機器を供給していた。緩やかではあったが、安定した成長企業であり、会社全体がカリスマ的な創業者であるカーソン・キトリッジの直感に基づいて運営されているようだった。カーソンには複雑なスプレッドシートも分析もない。なんとありがたいことか。彼には、指先で風の向きを読んだり、経済状況を推し量ったり、またほぼ本能的な直感に基づいて意思決定を行う方がよかったのである。

ローリーは着々と昇進を遂げ、経営企画部長の肩書きを得るのに10年もかからなかった。経営企画部長とは、この同族会社の「計画策定」の職務に対して責任を有し、主に年次予算を編成し、それを継続的にモニタリングすることを仕事とするものである。彼は有能で、同僚達との人間関係もよく、ワークライフバランスの考えを重要視する会社で働けることに、非常に満足感を覚えていた。休暇の取得にも寛大で、継続的な教育が常に優先事項であった。また毎週、社内の最新ジムで5㎞程の距離を少なくとも2、3回は走り、その後シャワーを浴びてリラックスすることができた。さらに、ローリーと彼の妻のハンナがロシアからの養子縁組を終えた時には、会社は寛大にも有給休暇の期間を延長する決定をした。これは、つい先頃始められた措置である。

キトリッジ社において、2005年あたりから事態は変わり始めた。成長が鈍化し、景気環境が激しく揺れ動いた。かつての同社はそのような影響には動じないように思われたが、とうとうそれにより損害を受け始めた。近代化を図ろうと、カーソンはある人物を雇った。彼の名はマーク・オールストン。よく通ったサンフランシスコのオペラ劇場で知り合った常連客の息子である。マークは、キトリッジ社の長年における従業員とは異質の経歴を持つ人物であった。アメリカの北東部で育ち、予備校へ通った後、名門大学グループのアイビー・リーグへと進み、最終的にミッド・ウエストにある有名校でＭＢＡ（経営学修士号）を取得している。マークは、救済者としてキトリッジ社に現れる前の数年間、小規模なコンサルティング会社で働いていた。彼は情熱にあふれ、多少ひけらかすかのように、これまでの教育と経験に培われた手腕を振るった。平穏だったキトリッジ社にマークが乗り込んできて、従来の従業員達は懸念と期待の両方を抱いた。

彼は何かにかり立てられているかのように、野望に燃えていた。程無く彼の非情な過去の噂が広がり始めた。

カーソンに言われたように、またベストセラーのビジネス書に書かれているように、自分の意思の赴くままに行動するという信念をもとに、マークは緻密な計画を策定し、人事に手腕を発揮することによって、キトリッジ社を大改造しようとした。しかし、カーソンはそれに興味を示したものの、多くの場合、月並みな手法に従った。彼は現代的なアイデアの斬新さを気に入っているようではあったが、実際に意思決定を行う際には、着なれた心地よいセーターのように、長年の実績がある手法に頼った。マークは、カーソンに非難を浴びせるわけにはいかなかったため、不満の大半をローリーにぶつけた。2人は同年齢で誕生日もわずか2日違いでしかないにもかかわらず、マークはローリーに対して、危険なまでに現実を把握しておらず時代遅れであるとの見方をしていた。彼らの激しい口論はキトリッジ社の伝説のものとなっており、1日中白熱した議論が廊下まで響き渡っているのを耳にすることも珍しくはなかった。マークは抜本的な変革を望んでおり、経営企画部門が自分の勧告を全面的に受け入れて、それに従ってくれることを期待していた。それに対してローリーは、マークのやり方はきわめて危険で、ほとんど非倫理的であると考えていた。2人の亀裂には、妥協の余地がほとんどなく、日が経つにつれて溝は深くなった。マークはとくに経営企画部門を自分のものととらえ、ローリーが成功を妨げる最大の人物だと考えていた。

「また、ここ数年にわたるすぐれた業績に対し、ローリーに感謝したい」

メルビルは、物思いにふけるローリーが我に返るように、彼の脇腹を目立たぬようぐいとつついた。ローリーははにかみながらほほえんだ。カーソンは話を続けた。

「みんな知っての通り、当然、変革にはチャンスとチャレンジが付き物だ。ここから先は期待の持てる有望な前途である一方、オリベンヘイン社の経営・業務スタイルに合わせることに手こずる者も出てくるかもしれない。今日はこちらにオリベンヘイン・グローバル社の業務執行副社長であるジム・トービンがいらっしゃっている。一言ご挨拶を…」

ジムのネクタイがあまりにもきつく締められているため、その圧力で彼が緑内障になりはしないかと思う程である。彼はさっと立ち上がり、カーソンと握手をした後、皆の方に振り向いた。

「オリベンヘイン社を代表しまして、皆様を当社のグループにお迎えできることを喜ばしく思っています。今後いろいろなことを知っていただくことになります。キトリッジ社に対するわが社の素晴らしい計画についても…まずお伝えすべきことは、キトリッジ社の名前はそのまま残すということです」

救いとなるこの言葉に拍手が起こるのを待つかのように彼は話を中断してみたが、誰1人好意的に受け止める者はいなかった。そこで彼はあわてて、引き続きオリベンヘイン社の宣伝を始めた。もうこれまでに何回となく行ってきているため、いかにも、原稿通りといった感じである。むろんテーブルのまわりでその話を聞いている者など誰1人おらず、部屋にいた人々は皆、「名前が残るからってそれが何なのだ」という疑問の念で頭がいっぱいだった。その思いを一番先にあらわに示してしまうのは、ローリーだろう。

ミーティングが終了し、びっくりするようなニュースにあぜんとしていたグループも落ち着きを取り戻し始めた頃、カーソンはジム・トービンやマークと密談をしていた部屋の隅に、ローリーを呼び寄せた。ローリーはそこに不気味なものを感じているようだった。3人のところにローリーがやってくると、ジムは手をまるでばね仕掛けのように伸ばしてきた。

「ジム・トービンです。はじめまして、ローリー。われわれ組織の一員としてあなたをお迎えできて、大変うれしく思っています」

ローリーが一言発する間もなく、その偉そうな人は話を続けた。

「経営企画機能については、カーソンとマークから詳しく教えていただきました。大幅にプロセスの強化を図り、キトリッジ社の露出度を上げたいと思っています。われわれがキトリッジ社を買収したのは、御社の製品に対する評判と強力なブランドイメージに基づいてのことですが、ここにはまだ多くの潜在能力が秘められているとわれわれは考えています」

彼は全員の前で話したときと同じように、再び間を置いた。彼は確認を求めているのだろうか、それとも熱い喝采でも期待しているのだろうかと、ローリーは思った。

「ローリー、われわれによってあなた方は絶好の機会を得られるのです」

彼は、また拍手喝采を浴びたいのか一呼吸置く。この男は演劇でも専攻していたのか。

「この大型船を導くには戦略計画が必要です。あなたならそれができると確信しています。はっきりさせておきましょう。別にあなたにその計画そのものを作成してほしいというわけではありません。私の趣旨を申し上げると、われわれにとって今すぐ必要なのは『計画を立てるための計画』です。御社はこれまで正式な計画策定に力を注いでこられなかった」

彼は非難するかのように、ちらっとカーソンに視線を投げかけてから、また話し始めた。

「もちろん私達なりの方法は持っていますが、私達が求めているのは、これまでにはないような何か斬新で効果的な方法です。ご存知でしたか？　戦略計画のほとんどが実行されていないのです」

彼の視線がローリーに突き刺さった。しかし、またもやローリーが答える前に、このハリケーン・ジムが口を開いた。

「これが真実であり、1つの大きな要因として、複雑性が挙げられると考えています。あなたには、シンプルなプロセスの基礎を築いていただきたい。確固たるもので、戦略の実行を成功裡に導きながらも、比較的シンプルな戦略計画の要素とは何でしょうか？」

ジムが一息つくと、マークが口をはさんだ。

「ローリー、これに関して私は個人的に君をジムに推薦したが、それによって危険な立場に立ったんだ。チームを失望させることのないようにな。君を信じているよ」

この発言にジムとカーソンはほほえんでいたが、ローリーは顔をしかめてマークの方を睨みつけた。「やってくれたな」と彼は思った。ジムはローリーの体に腕を回したが、ローリーはそれをかわした。むっとしてジムはまた話し始めた。

「それではローリー、本題に入りましょう。どうすれば戦略計画をうまく作成できるか、その方法について5日以内にわれわれに報告して下さい。性急な注文だということはわかっていますが、今後はそのように事を進めていくことになります。T型フォードからフェラーリへ乗り移る、それができますか？」

大きく見開いた6つの眼でローリーは見つめられた。取り囲まれた彼は、いろいろな思いがあふれて頭が混乱してきた。

「そうだ、僕はできる…いや、なんだって？　できるはずがないだろう…でも、これは大きなチャンスだ…それはそうと、戦略計画とはなんだ…5日間か、5日って言ったよな。ああ、おまけに親戚会もあるのに…」

カーソンは、信頼できる叔父のように、ローリーの肩に両手を置いた。それによって彼は元気づけられた。この突然激しく逆巻いたうねりの中で、やっと穏やかさが戻ったように思った。ローリーは、賢明な助言と温かい励ましの言葉となるものを期待していた。しかし、カーソンは息を吸いこんでから、こう囁いたのである。

「私に恥をかかせないでくれ」

その衝撃に耐えようとしていたとき、ローリーの携帯の着信音が鳴り、静寂さを破った。彼は急いで携帯をのぞくと、「すぐに電話して」というメールが入っていた。それはハンナからだった。

第3章　計画の変更

この12か月間は、ハンナとローリーにとって大変な日々だった。小家族によくあるケースであるが、とくにハンナは自分の両親との結びつきが強かった。彼女の母は、その世代特有の、今では消えてしまったと言っていい程の専業主婦で、家事全般に長けていた。残ったジャガイモの調理法が知りたくなれば母親に電話で聞く。テーブルクロスに赤ワインのしみがついても大丈夫、母親が対処法を知っている。パントリーに物を詰め込みすぎて散らかっていれば、母親が瞬く間に整理してしまう。こんな家政学の修士号でも持っているかのような母親がそばにいてくれれば、オリンポスの山に住む神もうらやむほど、ハンナの生活は活力にあふれていた。

その母親に変調が出始めたのが数年前である。初めの頃はその度合いも大したことがないように思われ、鍵穴に鍵をうまく挿せなかったり、アイロンをかけている途中でシャツを落としたりする程度であった。その後、問題は複雑化し、彼女は手足の痛みやどうにも止まらない痙攣を感じ始めた。何かおかしいことを確信し、ハンナと彼女の父親は医者へ行くよう強く言った。その後まもなく一連の検査が始まり、「問題点を取り除くためですよ」と医者は安心させるように言った。しかし、検査が進んでいくうちに、最終的にＡＬＳ（筋委縮性側索硬化症）というショッキングな診断が下された。これは、米国では一般に「ルー・ゲーリッグ病」として知られている。この恐ろしい病気により、私達が当たり前のように行っているほとんどすべてのこと、たとえば、立つ、歩く、寝る、起きるといった、全体的に生活を形作っている日常動作が彼女にはできなくなってしまうのである。それから3年もしないうちに彼女は亡くなった。

現代においては古臭い言葉になってしまったが、彼女の母は、ハンナにとってあらゆる面で真のヒーローだったのである。61歳という若い母親を失うのは、なんともやりきれない思いだった。

ロシアから子供を養子縁組することがついに認められたことを知って、ローリーとハンナの受ける重圧感はこれまで以上のものとなった。仲介業者が見つけ出したのは、健康的でかわいい女の子だったが、まだこの時点では、ローリーもハンナも将来養女となる子の写真を1枚も見ておらず、ただ説明を受けただけだった。もちろん、2人は大喜びであったが、ハンナの母が間近に迫ったこの養子縁組の喜びを目の当りに見ることができないと思うと、深い悲しみに襲われた。赤ん坊を抱き、惜しみなく愛情を注ぐ幸せ、そして注意を受けていながらも赤ん坊を甘やかしてしまう楽しさを、母親はもう知ることはない。その上、費用はもちろんのこと、国際的な養子縁組に関わる煩雑な事務手続きが、現状においてもっともありがたくない厄介な難題を課した。

ハンナはもともと友好的な人間であったが、米国のあちこちに散らばっている多くの叔父、いとこ達とは親しくなかった。彼女の父は職業軍人であったため、放浪生活を繰り返し、家族は堅い絆で1つになった。放浪したことにより、親戚が米国のさまざまな所で世帯を持っているのがわかった。親戚の訪問は、人生における大きな行事、たとえば結婚式や重要な記念日、出産、葬式などに限られている。今回は彼女の母親の葬式に出席するため、親戚がサンフランシスコに集まった。その数日間は、涙にくれつつも、家族の昔話に花が咲き、笑い声もたくさん聞かれた。今後はもっと頻繁に行き来しようという約束も交わされた。こうした約束は、その場の純粋な気持ちからとっさに出るだけで、漠然としたまま終わってしまう場合が多いが、今回は即座に具体化された。ハンナの叔父であるフランクから、葬式のちょうど2か月後に、サン・ディエゴにある自宅で親戚会を開こうという提案がなされた。彼曰く、「新しい出発を祝して」親戚一同を集めるという。直ちに計画の作成がなされ始めた。それはハンナと彼女の父親にとってよい気分転換となり、これまでそういった親戚会の機会を持たなかった一同にとって、試験的なイベントになるものだった。

親戚会を開くと言っても決して簡単なことではなく、国の政治集会の手はずを整えるのとさほど変わらない。まずブレーンストーミングをして、5、6項目が挙げられたが、そこからあっという間に考えるべきことが数十項目に及んだ。たとえば、下は2歳から上は82歳までの50名を超える人達が集まれる場所、食事の調達と準備、サン・ディエゴと彼らの住む主な郡とを結ぶ送迎輸送手段、そしてもちろん、年齢、好みを問わずどんな人にも楽しんでもらえるイベントの予定表を作成することなどである。熟考の末、今回の親戚会のテーマは「素晴らしいアウトドア体験」となった。サン・ディエゴの山間をガイド付きでハイキングしたり、勇敢な人達はトーリー・パインズでパラセーリングに挑戦する。またスキート射撃をすることまでもが挙げられた。このスキート射撃は、親戚の中で誰もやったことがないだろうということで決定されたものだったが、ハンナの大叔母にあたるキャスリンは、けがをする恐れがあるのではないかと心配のし通しだった。「誰かが失明でもしたらどうするのよ、私の言うことを聞いて」と彼女は注意を促した。

ハンナは、当日より数日早くサンフランシスコからサン・ディエゴへ向かい、父親と叔父が最後の細々とした準備をするのを手伝った。ローリーは、ナパ・バレーで行われているキトリッジ社の会議に出席しており、サン・ディエゴまで800km近くの道のりを一人旅することになっていた。彼は、この1人でのドライブを楽しみにしており、国道101号線を通って美しい海の見える景色、金色に輝く谷間、起伏が緩やかでオークの木が点在している丘など、さまざまな壮大な眺めを目にしながら旅する計画を立てていた。

ローリーはまだ早朝ミーティングのショッキングな出来事に、やや茫然としたまま、ジム・トービンやカーソン、また一癖あるマークとも握手を交わした後、リゾート地らしい並木のある駐車場へと向かった。ほんの数分前、あまりにも突然重くのしかかってきた戦略計画策定の責任に、彼の頭はくらくらとして、めまいがする程だった。車に到着すると、後部座席のドアを開け、バッグを座席に置いた。ほっと一息つき、あらかじめ登録しておいたハンナの電話番号のキーを押した。最初の呼び出し音ですぐに彼女は電話に出た。

「今どこにいるの？　午前中ずっと電話していたのよ」と彼女は言った。

「ああ、すまない。緊急会議に呼び出されていたんだ」

すかさず彼女は話を遮り、「緊急会議って…大丈夫なの？」と尋ねた。

ローリーは返事をするのに間を置いた。大丈夫かって聞かれても、まだ彼にもわからなかった。

「カーソンが会社を売却したんだ」

「なんですって？　誰に、なぜ？」

「オリベンヘイン社だよ。あの大規模なグローバル企業の…結局、カーソンは資産を売り払いたかったのかな」

「どうかしてる。なんだか変よ。いったい何事？」

ローリーの様子がおかしい時、いつもハンナはこう言う。これは、自分のパートナーが謎めいたことを言ったり、不可解な表情を見せた時にそれを解明するのに、長年かけて彼女が培ってきたスキルである。

「なんでもない、大したことじゃないよ」

一瞬沈黙があった。

「ねえ、ローリー。私には今日までにやらなきゃならないことが山のようにあったの。いい加減なこと言わ…」

「やらなきゃならないことが山のよう？　君に？」

ローリーはぷつりと切れて自制心を失った。

「これまで会社はカーソンの気まぐれをもとにやってきた。だが、そんな会社の戦略計画の立て方を、僕は5日間で考え出さなくてはならなくなったところだ。わが社のいわゆる戦略計画策定なんて、カーソンの頭の中で思い描くビジョンにすぎなかった。それが現実のプロセスをきちんとした形でまとめ上げるのに、僕に今与えられているのはたった1週間足らずだ。僕がいい加減だと?」

「ごめんなさい」

一呼吸置いてから、彼女はまた話を続けた。

「大企業は人員削減したがるわよね。あなたは大丈夫なの? 来週、養子縁組の仲介業者に払い込みをしなくちゃいけないから、多額のお金がいるわ。キャンセルした方がいいかしら?」

「あわてるな。僕がなんとかする。これから1人で9時間運転だ。この件に関してどうするか考えるのに、ちょうどいいスタートになるだろう」

再度会話が途切れたが、とうとうハンナの方からその沈黙を破った。

「運転と言えばね」

「何?」

「ついさっき、シドニー・ワイズというまたいとこから電話があったの」

「誰だって?」

「シド・ニー・ワイズ!」

彼女は音節ごとにアクセントをつけて言った。明らかにいら立っていた。

「私が9歳頃、1度だけ会ったことがあるの。彼はしばらくの間、ヨーロッパに住んでいたと思うけど、確かじゃない。ともかく、彼がこっちに来るという留守番電話を朝5時に残しているの。どうして彼が招待されたのかわからないわ。だって、かなり遠い親戚だから」

ローリーは、車の屋根に顎を乗せ、ハンナが話を続けている間、深いため息をついた。

「折り返し彼に電話をしたら、サンフランシスコで会議があるはずだったんだけど、それが中止になったんですって。でも、彼はもう航空券も予約してスケジュールも空けてあるので、親戚会に出ることにしたそうよ。サンフランシスコに9時半到着予定なので、今日、車で行く人がいるかどうか尋ねてきたの」

「勘弁してくれよ」

ローリーは堪忍袋の緒が切れた。

「車は僕にとって特別な場所なんだよ。ハンナ、君だってそのことを知っているだろう。しかもよりによって今日とは…」

「じゃあ、どうすればよかったの？　彼をバスに乗せて、あなたが彼のすぐそばを通り過ぎたって、明日の夜に明かすの？　これは親・戚・会なのよ、ローリー」

と彼女はまたアクセントをつけて強調した。ローリーは心の中でうめいた。この件に関して議論しても無駄であり、結果的に車の中で1人きりになることはかなわないことを悟った。賽は投げられたのである。

「わかった。何時にどこだって？」

「10時に到着ロビーのC1出口から出てくるわ」

「で、どんな格好？」

今度はハンナがいら立ってため息をつく番だった。

「そうね、えっと、フォンジーのTシャツに白の半ズボン、ブルーと赤のストライプの靴下、それにアディダス・タバコ・スニーカーをはいていたわ。ただし、それは彼が9歳の時のことよ。彼が今どんな格好かなんて私にわかるわけないでしょ」

その辛辣な言葉を聞き入る気もしなかった。ローリーは携帯を耳から離して睨みつけ、近くの茂みに放り投げるふりをした。一瞬間を置き、なんとか自分の気を静めてから、また携帯を耳に近づけた。

「了解、なんとか見つけるよ。じゃ、もう行かなきゃ」

彼は10年前に購入したスウォッチに目をやった。表面に傷はついていても、この時計を手放すことができないでいた。

「彼に電話をして、遅れるかもしれないと伝えてくれ。もう9時過ぎだし、ここから空港まで少なく見積もっても100km近くあるからね」

「ありがとう、あなた。愛しているわ」

ハンナは和解のムードを一気に放つと、そう答えた。

「僕も愛しているよ。彼と会えたら、また連絡する」

2人共、かろうじて含み笑いをして電話を切った。

ローリーは、カプリブルーのメルセデス・ベンツC230の運転席に座りこむと、日が燦々と降り注ぐ駐車場から出て、一路サンフランシスコ国際空港へ向かった。シルベラド・トレイル沿いに、絵のように美しいナパ・ヴィレッジを通過した。ナパは、ワインが試飲できるバーや古風で趣のあるレストランがたくさんあるところである。その後、ナパ・バレイホ・ハイウェイに入り、やがてインターステート80号線を西方面にスピードを上げて車を走らせて行った。

この何時間かに起きた心を乱す出来事に対し、それが防御手段となるかどうかはわからないが、彼の心を静められるかどうかはすべて、いかに車の中で1人の時間を満喫するかにかかっていた。車といっても、このC230は彼にとって特別なものであった。一般的にメルセデスとしてはエントリーカーであるが、ローリーには自分専用の安らぎの場としてこれを大事にしており、この車に対してマセラッティやアストン・マーチンとおおむね同様の畏敬の念を持っている。エントリーレベルのこの車には、惜しみなく高級な洗車液が使われ、ラムウールの手袋で優しくなでるように毎週洗車が施され、車の中や外側にちり、ほこりなどほんの少しでもあれば、我慢できない程である。ローリーの父親は、通常父親が息子に伝えるべき知識、たとえば性教育の基礎的な事柄などはあまり教えなかったが、生活する上で2つのルールを守ってほしいと切に願った。それは、常に靴を磨くことと、車をきれいにするという単純なものであった。ローリーは何の疑いもなく、その両方をかたくなに守っている。

車を走らせながら、ローリーが真に自分個人の空間で1人の時間を愛しているのは、こんな精神的な背景があったのである。車は、国道101号線のサンフランシスコ国際空港方面への出口423Aへ向かっていた。空港の到着ターミナルに近づいてきたため、タクシー、リムジンバス、ホテルの送迎バスなどに交じって、車はのろのろ運転となった。舗道には、旅行で疲れた人々を出迎えようと、家族や友人達が皆待機している。ローリーはあたりをゆっくりと注意深く見渡した。程無く、C1出口が見えてきて、その下にぼんやりと人影が現れた。

第4章　空港のレッドゾーンは短時間の乗り降りのみ可

ローリーは車をうまく一番右側の車線へ移動させた。前は白のプリウス、そして後ろはメタリックレッドのプリウス、やはりここはサンフランシスコだ。環境にうるさい。彼のすぐ右手にC1出口が見えたので、彼は歩道脇に車を止め、ギアをPにしてから、助手席側の窓から出口に立っている人影を見つめた。まだ影しか見えなかったが、そのうち、煙草が地面に捨てられ、重そうなふくらはぎ丈のブーツで踏まれ、消えかかっていく火が目に留まった。煙草を踏み消すブーツの動きから、その人物の全体像が暗闇から歩道のかすかな光に映し出された。彼がシドニー・ワイズに違いない。

この何年かにわたって、ローリーはたくさんのハンナの親戚と顔を合わせたが、ごく普通の人達だった。もちろん、中には風変わりな面を持った人もいる。たとえば、叔父のデュークは人前でもパジャマのパンツをはくことにしている。その理由は彼曰く、「中国人がそうしているから」(注1)だそうだ。しかし、一族のほとんどは標準的な分類に入ると言える。よき家庭で育ち、大学を卒業し就職して、それぞれ生活している。人が車に近づき、ホッケーの用具一式でも入りそうな大きなダッフル・バッグを重そうに運び、突如それをドスンと地面に下ろした。その風体は、ローリーがこれまでハンナの親戚に対して描いてきたイメージとは異なるものであった。

ローリーは歩道脇に立つシドニーを出迎えようと急いで車から降りたが、挨拶の言葉を口にする間もなく、「君がローリーかい?」と耳をつんざくような大きな声が聞こえた。ローリーは少し面食らい、ためらいがちにうなずき、手を差し伸べた。シドニーはその手をぎゅっと握り、ローリーの手はなされるまま万力のように締めつけられた。それは、もうちょっとのところで押しつぶされるのではないかと思う程の強さだった。

「そんな魚のようなやわな握手をするなよ」とシドニーは不満そうに言った。

ローリーはぎこちない笑みを浮かべ、シドニーの巨大なバッグを取ろうと手を伸ばした。「自分でやるから」とシドニーは言って、降ったばかりのわずかな雪のように軽々とバッグを持ち上げた。

シドニーは重い足どりでとぼとぼと車の後ろ側へ回った。親切なホスト役としてローリーは用意してあったキーホルダーを手にして、トランクのボタンを押した。その直後、シドニーがバッグの取っ手をつかもうと手を伸ばしたちょうどその時、トランクがぱっと開き、ゴツンと音が聞こえる程彼の顎を直撃した。

「なんだよ！」

いささか困惑しているローリーに、シドニーは小声でののしる言葉を浴びせ、なじるような視線を向けた。貫禄十分である。もちろんローリーを困惑させたのは、シドニーの一見粗野そうな態度だけではなく、外見上の堂々たる風采であった。「洗練されたグラディエーター」というのが、彼の第一印象である。どう見ても１９５cmはあろうかと思われる巨大な男の頭には、明るいオレンジ色のバンダナが巻かれ、そこから赤い巻毛がのぞいていた。色あせたカーキ色の短いカーゴパンツに、ラインストーンがちりばめられた革のベルトをしていた。右ポケットの下にはシミがあり、そのポケットには、中味はわからないが何かぎっしり詰め込まれている。着古した短パンとは対照的なのがシャツである。真っ黒でアイロンがけされたばかりの半袖のトミー・バハマのシャツで、裸同然の女性と、転がっている2個のサイコロが描かれたシルク織りのものである。

2人がそれぞれドアの方へ向かい車に乗り込む際、一切言葉を交わさなかった。ローリーはエンジンをかけてバックミラーを見ると、不意に後方から車が一団となって近づいてくるのがわかった。彼はアクセルを踏んで車を急発進させたが、シドニーはまだシートベルトを締めていなかったため、ダッシュボードに体を打ちつけてしまった。これに対しては謝ろうとしたが、その間もなくハーツ・レンタカーのシャトル・バスが左側に接近してくるのが見え、ローリーは急ブレーキをかけた。今度はその勢いで、シドニーは座席の背もたれに戻される格好となり、その際長い両腕が飛ばされ、左腕がローリーの胸を強打した。

「すみません」

とローリーは弱々しい声で言った。

シドニーから睨まれはしたが、それだけだった。タイメックスがチクタクと時を刻むよりも心臓の鼓動は早かったが、ローリーは気持ちを静め、国道101号線へ戻る出口の標識に従って車を走らせた。

その後間もなく、空港ターミナルの大きなトンネルを抜け地下道を通って、カリフォルニアの明るい日ざしの下に出てきた。シドニーは檻の中の動物のように落ち着きがなく、ハンナに合わせてあるシートの位置でなんとか自分の巨体を合わせようとしていた。そのうち座席の下にあるリクライニング用のレバーに手が届くように体をひねった。その際、回した左手の指が助手席の窓についていた。ローリーは、シドニーが巨大な指を窓から離した後、ピカピカの窓のど真ん中に脂ぎった指紋が残ってしまったのを横目でちらっと見た。ローリーは愕然としたが、安全運転を続けるしかなかった。

自分の愛車に対する犯罪行為とも言えるこの出来事を忘れなければいけないと思い、ローリーは今が世間話でもするチャンスと判断し、シドニーに向かってもっとも当り障りがないと思われる質問をしてみた。

「ところで、飛行機はどうでした?」

シドニーは返事をためらった。「よかったよ」とか「無事に到着したのが何より」という、ありふれた返事で済まそうとしていないことは明らかである。気まずい沈黙がしばらくあった後、シドニーは無精ひげの生えた顎をさすりながらやっと口を開いた。

「最近の心地よい空の旅ってどんなものか、話してみようか。デンバーのセキュリティチェックの所に行くと、一連の持ち込み禁止品が置いてある小さなテーブルの後ろに係員がいてね。禁止の物と言えば、ペットボトルとかシャンプー、化粧水、整髪料などで、まあ食品の中にも持ち込みできないものもあるよな。でも、その係員は大きな徳用サイズのチョコレートシロップのパックまで持っていたんだ。そこで思ったよ。どこへ行くにも、チョコレートシロップのボトルを持っていかないとそんなに困るほどチョコレート中毒者なのかって…。最近の機内食で出されるごちそうにでも振りかけるつもりか。う〜ん、お決まりのプレッツェルのチョコレートがけか。俺が近づいていくと、係員がだらだらとまたその注意事項の話を始めたから、言ってやったんだ。『幸いなことに、今日は家にチョコレートシロップを置いてきたんだ』ってね」

「はいはい、そうですか。ちょっと奇妙だけど」とローリーは思ったが、誰にも空港でのエピソードはあり、あの9・11の事件以来空港を利用したことのある人ならわかるように、ローリーもシドニーの話に共感できた。ローリーは、この長いドライブにおいて早めに絆を深めておくよい機会だと考え、自分の旅行体験を少し話せばシドニーも楽しんでくれるものと期待して、一呼吸置いた。しかし、その最初の一言を口に出す前に、またシドニーの熱弁が始まった。

「まあ、それから搭乗してね。もちろん満席で、結局最後に残った席に着くことになった。俺がちょうど気持ちよくなって一眠りしようかなと思っていた時に、調理室で座っている客室乗務員達の声が聞こえてきたんだ。それが俺のすぐ後ろでね。1人、乗客が乗っていることなんておかまいなしの女がいてさ。そいつは働きもしないで、そこで座っているだけだ。どうやらそいつは、他の男と女の2人の乗務員とは顔見知りではなさそうだったが、かなりうまが合うようだった。とくにそいつと男の方は最初はちょっとした雑談だったのが、それから後はもう大騒ぎさ！会社の階級制度に対する非難の始まり。1人が言うには、『会社のオフィスには間抜けな奴がたくさんいる』って。そんなことは、他の人からもはっきりと承認済みだ。さらに言っていた。『うちのボスは最悪、まったく管理できない』。そのうち安全のためのアナウンスをしなければならなかったため、その非難も中断したが、程無く彼らは戻ってきて、例の女が言うんだ。『まあ、手短に言えば、そんなところよ。私達の仕事は長時間で退屈』ってさ。で、俺は思うんだ。なぜ人は飛行機が好きじゃないのかと航空会社は知りたがっているようだが、従業員さえ嫌っているじゃないか」

その後再び沈黙があった。今度こそ言葉を差しはさもうかとローリーが思っていると、すぐまたシドニーが話を続けた。

「俺に言わせれば、明らかに業務にアライメントがまったくない。彼らの言う『本社の間抜け共』がシンプルな戦略を作成して、従業員全員にそれを伝える必要がある。そうすれば従業員があんな態度をとることもなくなる。シンプルな戦略さえあれば、彼らは皆、少数の簡潔な理念に基づいて、目指すものが一致することになる」

ローリーがシドニーの方へ急に顔の向きを変えたため、車が隣の車線にそれ、FedEXのトラックの運転手からクラクションを思いきり鳴らされ抗議を受けた。僕の聞き間違いか？　ラスベガスで休暇中のランボーみたいなこの男が、辛辣な言葉を吐いているだけかと思えば、ビジネスの専門家みたいなことを言っている。確か、「戦略」って言ってたよな？

（注）

1. Ray A. Smith, "The New Pajama Look : Better in Bed?" *Wall Street Journal* (Kindle Edition), September 4, 2008.

第5章　この男は何者だ？

いよいよサンノゼが見えてきた。メルセデスの車内には走行音はほとんどなかった。ローリーは、シドニーが戦略のことを口にしたことについてもっと聞いてみたいと思ったが、隣のぶっきらぼうな大男の様子をひそかに探った結果、やめておいた。シドニー・ワイズが考えつく戦略なんて、さしづめテキサスで賭け金に制限のないポーカーをやって、そこで勃発するナイフでの一戦にどうやって勝つかといった方法程度だろうという結論に達したのである。

国道101号線は一時的に片側2車線に狭められているため、車の流れが悪くなり、ローリーの車はのろのろ走るビュイック・ラクロスの後をずっと進むしかなかった。ローリーは車線変更をしようと、後方確認をし、左側の方向指示器を出した。しかしその矢先に、ビュイックがゆっくりと滑るように外側の車線へ移動した。またすぐにこのこげ茶のセダンを追い越せばよいと考え、ローリーもその車について行ったが、その時リアウインドーの内側の「あるもの」に気がついた。手製のかぎ針編みのカバーがつけられているクリネックス・ティッシュペーパーの箱だ。それは65歳を超えたドライバーを暗示するもので、急いでいる場合にはよくない知らせである。

「こりゃ参ったな。TPだよ」

とローリーは小声でつぶやいた。

「何だ、それは?」

ローリーはこの時点でまだ一言二言しか話をさせてもらっていなかったが、どうやらやっとシドニーは自分のお抱え運転手の存在に気づいたらしい。

「トイレットペーパーか?」

「トイレットペーパーのことじゃありませんよ。自信なさげにこわごわと運転する者(tentative passer)のことで、それをTPって言っているんです」

そうローリーは答えた。

「追い越し車線に出たのに、のろのろと磁力に引っ張られるかのようにずっとそこを走行し続ける奴らを、TPと呼ぶんですよ」

理由が何であれ、シドニーはこの説明を面白がり、上機嫌な様子でくすくす笑った。ローリーはやや不意打ちを食らったものの、うれしかった。その笑いによって、シドニーの荒々しさもいくぶん和らいだように思われた。

「ところで、君はハンナのだんなだよな」

「そうです。ローリー・ニューマンです」

「ローリー・アンガス・ニューマンじゃないのか?」

とシドニーが逆らうように言った。

「どうして知っているんですか?」

とローリーが尋ねた。

「親戚会のウェブサイトで見た」

するとローリーは目を細めて尋ねた。

「親戚会のウェブサイトなんてあるんですか？」

「それはそうと、そういった名前の由来は？　君はスコットランド人には見えないけど」

「実は母がスコットランド出身で、旧姓がマッキントッシュっていうんです。僕には6人の弟と妹がいて、それぞれウィル、ダン、ピート、ベッツィー、ジェイクといったごく一般的な名前で、まあマリー・マーガレットはちょっとエキゾチックかな。僕は長男だから、母が家督を継ぐ者へ敬意を表する必要があったんでしょう。高校時代は、みんなからローリー・アンガス・ニューマンの頭文字をとってRANと呼ばれてました。フロック・オブ・シーガルズの『I RAN』が当時ラジオでよく流れていたんです」

「それで、空港でラリーをやっていない時には、何の仕事をしているんだい、RAN？」

シドニーはそう尋ねた。

「キトリッジ社の経営企画部長です。わが社は…」

「フィットネス用の機器を作っているんだろう？」

とシドニーが口を差しはさんだ。

「その通りです」

「それで、経営企画部長として、具体的に何をしているんだい？」

ローリーが深呼吸をして答えようとしたちょうどその時、携帯電話の呼び出し音が車のオーディオシステムから流れてきた。画面から発信者はマーク・オールストンだとわかった。ローリーはため息をついた後、ハンドルについている受信ボタンを無造作に押した。

「もしもし、マーク、どうしたんだい？」

「やあ、ニューマン」

スピーカーから聞こえるマークの声は割れていた。彼は「となりのサインフェルド」というコメディ・ドラマの中で、ジェリー・サインフェルドがクレイマーの友人であり、テレビ番組の中では強敵であるニューマンに出くわすといつもする有名な挨拶を真似ようとしているのだろうが、彼の鼻にかかった声と奇妙なイーストコーストなまりでは、さしづめジョン・クリースを真似ようとしているとしか思えなかった。

「何だい、マーク？」

「一言言っておこうと思ってね。あと残り4日と21時間35分だ。僕は個人的に、君の報告書を早く見たくてたまらないよ。オリベンヘイン社において君にはなんと明るい前途が待ち受けていることか」

とマークは皮肉まじりにまくし立てた。

「話はそれだけか、マーク？」

「ああ、それだけだ」

「じゃ」

ローリーは食卓の上にいる不快な虫をグシャっと押しつぶすかのように、オフボタンを強めに押した。

「何の電話だ？」

とシドニーが尋ねた。

サンノゼを走る両側には、高くそびえ立つオフィスビルが光り輝いていた。ローリーはシドニーに、自分の置かれている状況を説明した。キトリッジ社での自分のキャリア、キトリッジ社ではこれまで正式な計画立案がなされていなかったこと、状況を好転させるためにマークが雇われたこと、そしてちょうど今朝突然、売却が告げられたことなどである。

この話も、路肩の奇妙な光景を目にした時点で、中断した。クラシックなフォルクスワーゲンのヴァナゴンから降りた若い男がひざまずき、白いコットンの洋服を着た浮浪児のような女の子に両手を差し伸べていたのである。ローリーもシドニーも、求婚するために彼女の手を取ろうとしているか、あるいは許しを請うているのかとも考えたが、どちらにしても、そんな所で行うのは変だと思った。バックミラーに映る程にヴァナゴンが遠のいた頃、ローリーは、ここから5日間で「計画を立てるための計画」を作成しなければならないという、自分に与えられた課題の要点を述べ、キトリッジ社における自分の身の上話の山場にさしかかった。

シドニーはちょっと考え込んだ末、強い口調で言った。

「なぜそれをそのマークとかいう奴がしないんだ。組織の大規模な再編成は、そいつがやることになっているんだろ」

「なぜマークがしないかって？　マークはかなりのやり手で、わが社の危機を救うためにアイビーリーグからやってきた魔法使いのようにみんなは思っているんですよ。でも、なぜ彼のコンサルティング業が長続きしなかったかわかります？」

ローリーはシドニーの方を向いてお決まりの返事が返ってくると思っていたが、まったく返事がなかったので、話を続けた。

「彼には才能がなかったんだ」

ローリーは間をとって、1950年代の犯罪映画に似合いそうな、こんなせりふがどこから出てきたんだろうと自分でも思った。シドニーがちょっと眉をひそめたため、仰々しく言ったローリーはよけいきまり悪さを感じた。

「いざという時、彼はクライアントをがっかりさせ、実際何の成果も上げられないと聞いています。つまり、口先だけの男だってことですよ。それにもっとあるんですよ」

この最後の言い方は、犯罪映画の俳優から転じて、長めの情報コマーシャルを流す司会者のようだった。

「倫理上の大問題があったんです。職場の仲間のメルから聞いたところによれば、マークは契約を勝ち取るためなら何でもするということを重視しているんです。ある時、仕事でチームが編成されて、その中の非常に優秀と思われる1人をクライアントが求めてきたのですが、気の毒なことにその人は数週間前に亡くなっていることがわかったのです。そこでマークはあきらめたと思いますか？　彼はこの仕事を進め、その人がチームを率いることを確約する手紙をクライアントに送ってしまったんです。信じられますか？」

シドニーはこの思いがけない事実にも落ち着いた状態で対応し、そのことが、もっと熱のこもった共鳴するような反応を望んでいたローリーには非常に残念に思われた。自分の話したことが向こう側に座っている人に伝わっているかどうか、ローリーが失礼のないように尋ねようとしたまさにその時、「マイ・シャローナ」という甲高い曲が、車内に響き渡った。ザ・ナックの1979年のデビュー曲が、シドニーの携帯の着メロとなっていた。キンキンとしたこの曲を聞いているのが楽しいらしく、彼はなかなかその電話に出ようとしなかった。その間、呼び出し音が少なくとも4回は鳴っただろう。

「ワイズだ。うん…うーん…ああ」

ローリーは、一緒にいる人が携帯電話で話していると落ち着かなくなる方だが、それが車内だととくに居心地が悪くなる。個人的な会話だったらどうする？　車を降りることもできないし、車を片側に寄せた方がいいのか？　ただ今回は幸いなことに、シドニーはローリーの存在をまったく気にも留めていないようだった。電話の向こう側にいる相手の話についてじっくり考えた後、再び話し始めた。

「ああ、でも中国が元を切り上げ、通貨価値が上がったら、まあおそらくそうなるだろうけど、直ちに中国製品と比較して日本製品が安くなるだろう。そうなれば、競争力が高まり、日本の輸出が増加し、ドルやユーロに対して円が強くなる。差し当たりここは動かず静観していよう（注1）」

「それじゃ」「また」「気をつけて」、そんな挨拶もいっさいなく、シドニーは電話を切り、車のカップホルダーに携帯を無造作に入れた。

万が一目の前に広がる道路が突然アスファルトからゼリー状に変わることがあっても、ローリーにとってこれ程驚くことはないだろう。

「この男はいったい何者だ？」とローリーは思った。知りたくてたまらなかった。できる限りさりげない調子で彼は尋ねてみた。

「ところで、シドニーはどんな仕事をしているんですか？」

即座に「まあ、大したことはしていないさ」という答えが返ってきた。「おお、それは参考になるお答えだ」とローリーはがっかりした。

ローリーは質問を練り直そうと夢中で考えていたが、ガソリンの量を示す残油計のライトを見て、はっと我に返った。警告のメッセージが5秒間程点滅した後、インパネの左隅に小さなアイコンが点灯した。ローリーにとってこのライトは非常に煩わしいものであった。彼はガソリンを入れることでドライブのリズムを崩されるのが嫌で、常にドライブする前の晩に給油することにしていた。しかし、昨夜はキトリッジ社の夕食会があり、ガソリンのことに気づく前に、ナパ産の赤ワインがテーブルのあちこちでふんだんにふるまわれ、運転を断念したのである。ちょっとそこの角のガソリンスタンドまでさえ、問題外であった。

もちろん、今回の旅はここまであまりリズムがいいことなどなかった。医者が勧めるように、落ち着きを取り戻すためには、途中で休憩を取った方がいいかもしれない。そうだ、確かに休憩が必要だ。ローリーは心の中でそうつぶやき、この決断に非常に満足気だったが、それもシドニーの太くしゃがれたバリトンの声に邪魔された。

「俺のことは、起業家とでも呼んでくれればいいよ」

「えっ?」

ローリーはそう言って、気持ちを切り換えてまた運転を続けた。

「20年前から俺は、この偉大な国アメリカ全土にわたって少なくとも6つの会社を立ち上げ、名声を築き、そして売却してきた。神のおかげだ」

最後の方は、熱烈な愛国者が崇拝の念を持って唱えるようだった。

ローリーの心の中には、葛藤があった。自分の目の前に広げられたお宝をもっと深く探りたいと切に思うものの、残油計の赤いランプをすぐにでも消さなければならないという焦りから軽い動悸がする程だった。約150m先に、ギルロイの町へと続くモントレー通りの出口があった。

ローリーはベンツを右車線に移動させて、時速100㎞でスムーズに出口に到達した。

「世界におけるニンニク生産の中心地だな」

シドニーは周辺を見てすぐ気づき、一言そう言った。

ローリーは、出口のすぐ北側にガソリンスタンドがあるのを見つけ、すぐに車を入り口に回した。空いている給油機の前に車を止め、変速レバーをパーキングの位置に移した。するとシドニーは、即座にシートベルトをはずし、「どうしても頭を打ってしまう」と言った。ローリーが給油の準備をしている間に、シドニーは車を降りて店へと向かった。

ステッカーが貼られたドアの向こうにシドニーの姿が消えていくと、ローリーはポケットに手を入れ、携帯電話を取り出した。10代の若者が最近よくやっている、文字通信機能を使ってメールを送るのと同じくらい、彼のキーを打つ指の動きは速く、鮮やかなものであった。検索結果を待つこと3秒足らず、彼はまたもや驚いた。「シドニー・ワイズ：コロラド州の年間ベスト起業家」、彼の小さなブラウザの画面には、センセーショナルにそんな言葉が映し出されていた。そしてさらにその下には、目を見張るようなことが書かれている。

「ワイズがパスティーシュ・ホールディングの株を2500万ドルで売却」

シドニーの身の上話が目の前で明らかになり、ローリーを魅了した。低い身分からの出世、数えきれない程の起業家としての成功、そして最近では慈善事業への関与など、シドニーはこれらをあまり表に出したがらないのだろう。

ローリーの頭の中で混乱が渦巻いていた。あのシルクのシャツを着たランボーのような男が、ビジネスの権威者、天才だなんて！

「こんなことずっと秘密にしておけないだろう。それにしてもなぜハンナは彼のことを知らなかったんだろう？」

いまだ発覚した事実に驚きを隠せないまま、彼は携帯電話を車の屋根の上に置き、給油レバーを引いて、かなり値段の高い方のプレミアムガソリンを注入し始めた。

ローリーがガソリンを入れていると、1980年代中頃の赤いカマロがガソリンスタンドにあるタイヤの空気入れ機の所に止まった。車から降りてきた40代前半の女性は、模様のついたビンテージもののジーンズにハイヒールをはき、黒のタンクトップを着て、この車にふさわしい女性だと人から思われるように装っていた。タイヤに空気を入れるのも、彼女にとっては機械的な作業ではなく、どこかパフォーマンスアートの一種に近いものがある。知りたかったシドニーの秘密が明らかになり、まだ苦笑いしていたローリーは、ほとんど彼女の存在を気に留めていなかったが、ほんの一瞬彼女と目が合った。見知らぬ2人がこうして偶然目を合わせたことから、カマロの助手席のドアがさっと開くことになった。黒の革ジャンを着た何者かが、ローリーの方へまっすぐやって来た。やせているが筋骨たくましい男が激怒し、つばを飛ばしながら言った。

「おい、何見てんだよ！」

ローリーはひどく驚いたが、面白いことに「この2人はカリフォルニアの人間じゃないな」ということが、一番最初に頭に浮かんだのである。

「いや何も…何も見てませんよ」

と彼は返事をした。

「俺の女を見てただろう」

と、その革ジャン男はつばを吐き、おどしをかけるようにローリーの方へ大股で近づいてきた。ローリーは本能的に一歩後ずさりしてしまったため、思わず給油ハンドルがタンクからはずれ、ガソリンが自分の足元にどっと流れ落ち、それが車の下を通って革ジャン男の方へ流れて行った。すると男は、「この野郎、俺に火をつける気か」と叫んだ。

「いや…違う…」

ローリーはつるつると滑る給油のハンドルを落としそうになりながらも、やっと元の位置に戻すことができ、充満していた鼻にツンとくるガソリンの臭いも収まった。しかしその後、顔を強打されるかもしれないという、深刻な事態に見舞われるのである。あと1、2秒もすれば、パンチが顔に当たりそうな気分だった。

ちょうどその時、シドニーがトゥインキー（訳注：クリーム入りのスポンジケーキ）の最後の一口を平らげながら、店から現れた。一言も発することなく、彼は口論している場を避けるように遠回りした。あたりをうかがうように、四角い頭をゆっくりと動かし、最後に古いカマロの前に視線を留めた。

革ジャン男はシドニーの存在に気づかないまま、ローリーの方へゆっくりと忍び足で猫がはうように近づき始めた。骨ばった指を広げた後、手の甲が白くなるほどギュッとこぶしを固めた。「これでも食らえ！」と彼は怒りながら言い放ち、ガソリンが溜まった箇所を足早に通り抜けてくる。弓のように腕を後ろに引きながら、握りしめた小さなこぶしを振り上げ、怒りを爆発させようとしたその瞬間、シドニーが彼の肩をつかみ、平然とした態度で彼の行為を止めた。

「ちょっと気になるな、車にはあの女の他に何がある?」

シドニーは、一触即発の状況とは思えない程沈着冷静に尋ねた。

「手を離せ、この野郎!」

シドニーにしっかりつかまれて、革ジャン男は身をよじっていた。

「車の中に何が入っていようと、お前には関係ないだろ」

シドニーは彼を片手でくるりと回し、カマロの前に向けた。それは、社交ダンスのチャンピオンがパートナーをピルエット（訳注：片足旋回）させる時の流れるような動きであった。

「市警察はきっとあれに関心を持つだろうな」と、シドニーは車のナンバープレートを指差した。それは古くて曲がっており、泥に覆われていたが、よく見れば、登録証の有効期限が2年前に切れていることがわかる。

革ジャン男はもがいてシドニーの手から離れたが、その後まるで銅像のように固まってしまった。やっと彼はゆっくりと車に目を向けた。それから視線をシドニーに、次にローリーへと移し、最後にまた車へと戻した。彼はぎこちなくやや平静を失った状態で、後ずさりしながら車へ戻った。相手の女性に車に乗るよう身ぶりで合図を送り、彼女が車に乗り込むと、もうもうと地面からほこりを巻き上げながら、彼は猛スピードで走り去って行った。

徐々に落ち着きを取り戻し、ローリーはシドニーに向かって言った。

「いったいあれは何だったんだろう?」

「何が?」

とシドニーは答えた。

「だって、あいつは本当に厄介者で、3人のうち誰か1人が地面にぶっ倒れるかと思いましたよ。おまけに、1ガロン4ドルもするガソリンにまみれてね」

シドニーが近づいてきた。彼のちょうど右肩越しに太陽が見え、ローリーは目を細めた。誰かが宣誓する時のように厳粛な面持ちで、彼はこう言った。

「観察力が鋭ければ、どんな状況にあっても、そこから脱する方法は考えれば見つかるものだよ、ニューマン」

一歩ずつ自分の足取りをそっと見つめるローリーに対し、シドニーは無造作に車の反対側へ歩いて行った。ドアを開ける時に、シドニーはローリーの携帯電話が屋根の上に置いてあることに気づいた。彼が長い腕を使ってそれをつかむと、まだ電源が入ったままだった。よく見てみると、「シドニー・ワイズ:コロラド州の年間ベスト起業家」という文字が映し出されている。もうすでに運転席に座って、忙しそうに除菌剤を指の間にすり込んでいるのではないかと思われるローリーに、彼はその携帯電話をひょいと投げた。

「ほら、これを忘れただろ」

ローリーはブラウザの画面を見てからシドニーを見つめた。そして、ついにこう切り出した。

「助けてもらえないでしょうか?」

シドニーは鮮やかなオレンジ色のバンダナを直し、シャツの襟を正したが、顔はまっすぐ前を向いたまま、「君は頼れるものには何にでも頼るんだな」と言った。

2人は笑い合いながら車は急発進し、古いあのカマロがちょっと前まで止まっていた所に溜っているガソリンをまき散らして行った。

（注）
1．この記述は２００８年９月５日にアクセスした以下のサイトからの引用である。
www. fxcm. com/if- china-revalues. jsp

第6章　ところで、戦略とは何か？

国道101号線に戻り、再び南へ向かって車を走らせている時、ローリーの体内にはガソリンタンクと同様、アドレナリンがあふれていた。

「ああ、本当にはらはらした」

ジェットコースターに乗ったような興奮状態のまま、そんな言葉が彼の頭をよぎった。これでもう彼には人生の逸話ができたことになる。車内で2人っきりになってから1時間を少し超えた頃、彼はシドニーの方をちらっと盗み見し、「とりあえず、悪い奴じゃなさそうだな」と心の中で思った。すっかり何か温かい気持ちになってきたちょうどその時、シドニーがズボンの左ポケットのベルクロ（訳注：オランダの Velcro Industries 社製のマジック・テープ）をバリバリとはがし、マールボロの大箱を取り出した。「吸ってもいいかな?」と彼は尋ねはしたものの、許可してもらえるものと決め込んだかのように、ローリーが口を開く前に、もうすでに煙草を口にくわえていた。

病院の手術室でも、ローリーの車内程空気はきれいではないだろう。彼なら、一家の愛犬であるゴールデン・レトリバーのジョックでさえ、犬臭い息でこの清潔な車内環境が汚されることを恐れて、車に乗せることはないだろう。「ファーストフードは?」って、そんなこと考えられもしない。有毒な煙草の煙、つまり彼にとってもっとも不快な物のことを考えていると、頭の中で連鎖反応が起き、そのうちそれが顔に出てしまうのである。すでに彼の顔はゆがんでいた。シドニーはその異様な様子を横目でちらりと見て、わざとらしく少し咳払いをしながら口にくわえた煙草を箱に戻した。

「君は煙草を吸わないんだな？」

と、シドニーが尋ねた。

「ええ、まったく。あっ、1度だけある。12歳の時に、友達と一緒に母のハンドバックから1箱盗んで…」

話が長くなりそうだと感じて、シドニーは話題を変えることにした。

「ところで、君に与えられたその課題とやらについて話をするか」

ローリーは、話題を変えようとするシドニーの申し出に喜んで応じ、言った。

「ええ、では、かいつまんでお話しすると、わが社の戦略計画の策定にあたって、どうやって進めていくかその方法を僕が会社に報告しなくてはならないのですが、その期限があと5日」

「戦略計画か」と、シドニーはざらざらした顎ひげをこすりながら、その言葉を繰り返した。

「そう、戦略計画」

「それじゃ、教えてくれないか」と、シドニーはローリーを睨みつけた。

「そもそも戦略って何だ？」

ローリーは即座に口を開いたものの、驚いたことに、言葉が何も出てこなかった。口からどんな言葉ももらさないように貼った、目に見えないテープがゆるんで揺れ動いているかのように、彼の唇は小刻みに震えていた。これは大学時代から聞き慣れている言葉であり、ビジネスの専門家達が実際ひっきりなしに口にして、キトリッジ社でもしょっちゅう使われている言葉だ。それなのに、なぜすぐに定義できないのだろう。

ついに彼は言った。

「えーっと、戦略とは予算を支えるための一連の戦術だと思いますが」

「じゃ、予算が最初にありきか?」

とシドニーは尋ねた。

それについてローリーは考えてみた。彼はキャリアのほとんどを、予算編成、予算追跡、そして予算動向の分析に費やしてきた。長年にわたって、予算と戦略、この2つの用語は切り離せないものとなっている。彼がどう返事するか頭の中で整理している間に、シドニーが車内に広がる静寂を破った。

「別の意見を聞いてみよう。今すぐ会社の誰かに電話してくれ。守衛さんでもCEOでも構わない。戦略とは何か、尋ねてみろ」

「なんですって?」

とローリーがつぶやいた。

「聞こえただろう」

とシドニーは答えた。

「ええ、でも短縮ダイヤルに登録してある人は少ししかいないし、会社を代表するような連中じゃないですよ」

「まあとにかく、聞いてみろ」

と、シドニーは鋭い口調で言った。

ローリーは車のディスプレイに示された電話のアイコン、その次に電話帳のアイコンを押し、メルビル・ベルの名前が出てくるまで、画面をスクロールさせた。そして、発信ボタンを軽く押した。3回呼び出し音が鳴って、相手が電話に出た。

「ベルです」

メルビルは口にいっぱい何かを頬張っているかのように、もごもごと口ごもっていた。

「メル、ローリーだ。悪い時に電話しちゃったかな?」

「ローリーですか。いや、ちょうどケフィアを飲み終えるところだったんです。イスラム教の開祖であるモハメッドから伝えられたものだって言いましたっけ?」

「発酵させて造った乳飲料のこと」とローリーはシドニーにささやいたが、その時のシドニーの眉毛は思いっきり上がっていた。

「彼、今これにはまっていて…メル、君なら戦略という言葉をどう定義する?」

と、ローリーが尋ねた。

メルビル・ベルは、即座に返事を返すタイプではない。彼のキトリッジ社における肩書は業務管理担当者であるが、彼は株主価値からヴォルテール(訳注:フランスの作家・哲学者・啓蒙思想家）まで、どんな話題についても、知的で納得できる意見を述べる人物というのが、社内での一般的な見方である。長い沈黙の後、彼はこう答えた。

「戦略とは、高レベルな組織立った計画かな」

ローリーはシドニーの方に顔を向け、彼の承認を得ようとした。これが彼の求めている答えなのだろうか？　車が、１７９７年に建てられたサン・ファン・バチスタ・ミッションを示す看板のそばをすばやく通り過ぎる頃、シドニーはただ窓の外を見つめているだけだった。

「ローリー、まだ切っていないですよね？」

と、メルビルが聞いた。

「ああ、メル」

彼はもう1度シドニーの方を見たが、何1つ返事はなかった。

「それだけなんだ。また電話するよ」

それに対し、メルビルがさよならを告げる前に、ローリーは電話を切ってしまった。

「ところで、どうでしたか？」

と、ローリーが尋ねた。

「誰か他の人に電話してみてくれ」

ローリーはため息をつきながらも、再びディスプレイに手を触れた。今度彼が選んだのは、会計担当課長のキンバリー・パテルだった。ローリーはコール・ボタンを押しながら、いぶかしげな目つきでシドニーの方を見た。

「キンバリーですが」

「あっキム、ローリーだ。ちょっと聞きたいんだが、君なら戦略をどう定義づける？」

「えっ？」

「戦略だよ」

「それがどうしたんですか？」

ぶっつけ本番のこの調査に参加することに、キムはメルビル程乗り気ではないように思われた。

「戦略だって、キム。どう定義する？」

「昨夜メールした差異分析報告書、見てもらえました？」

とキムが尋ねた。

「ああ、それはともかく…」

ローリーは次の言葉を発する前に、２人の間の空間を突き抜けるレーザーのような鋭い視線をシドニーから感じた。「キム、戦略とは？」と、彼はスピーカーを通して指令を発した。

「そうですね。強いて言うならば、戦略は目標と同じようなものですかね。これでいいですか？」

「ああ十分だよ。ありがとうキム、それじゃまた」

メルビルの時と同様に、キムに対しても、さっさと電話を切った。

この短い質疑応答に関して彼の意見を聞いておきたいと思い、ローリーがシドニーの方を向こうとすると、シドニーの方からこんな言葉が返ってきた。

「みんな、それぞれ違うことを言ってたな」

ローリーがまだここからどうなるのかと考えていると、シドニーは「さっきミッションの看板があったのに気づいたか？」と言った。

「サン・ファン・バチスタのことですか？　ええ、見ましたよ」

「昔から、そう１７９７年からあるよな」と、シドニーは物思いにふけっていた。

「時の試練に耐えうるものもある。その数年後のカール・フォン・クラウゼビッツの言葉が思い出されるよ」

ローリーは、カール・フォン・クラウゼビッツとは一体誰なのかをはっきりさせることに全神経を集中させ、頭をフル回転させた。エンタテイナーか？　スポーツのスター選手？　それとも政治家？　ビジネスの専門家？　まったくの当て推量でものを言うのはやめて、ローリーは知ったかぶりをしてうなずくことにした。

「知っての通り」と、シドニーはここを強調した。

「フォン・クラウゼビッツはドイツの将軍で、さかのぼること１８３２年、どんな理論も最初にすべきことは、あいまいな用語や概念を明確にすることだと言っている。用語や概念に関して意見が一致して初めて、問題を簡潔かつ明確に考えられるし、他の人達と同じ見方を共有できるということだ」

フォン・クラウゼビッツの言葉がローリーの心に銘記されるよう、シドニーは少し間を置いてから、また話を続けた。

「君や君の同僚達が思いついた戦略の3つの定義について、何か気づいたかい？」

ローリーは、はっきりと肯定してうなずいた。

「ええ、みんな定義がバラバラでした」

「ということは？」

とシドニーが尋ねた。

「つまり、われわれの話す言葉が同じ意味をなしていない限り、計画を作成するなどほとんど不可能だということですね」

「その通り」

今度はしっかりとローリーを見つめながら、シドニーは言った。

「戦略計画を策定する前にすべき最初のことは、戦略とはいかなるものかについて、またこれも重要で、どういうものが戦略とは言えないかということについて、みんなの意見を一致させておくことだ」

シドニーは目の前に広がる矢のようにまっすぐな道に視線を戻し、また話し続けた。

「以前、モスクワで講演をしたことがあったんだが、その時同時通訳がついてね。よく国連でやっているようなやつだよ。起業家精神に関する俺の話で盛り上がりを見せていた。大勢の人がうなずいたり、笑うべきところで笑っているのが見えたし、何もかもうまくいっていたんだ。それが突然、みんなの顔がぽかんとした表情に変わっていった。俺にはわからなかったが、どうもイヤホンへの送信が中断されて、通訳の声が聞こえなくなったらしく、俺がただ英語でしゃべりまくっているのだけが聞こえていたみたいだ。文字通り俺達は共通の言語でつながっておらず、コミュニケーションが大きな壁にぶち当たったというわけだ。それはビジネスでも同じだ。戦略やミッションなど、一般的な用語の意味について、みんなの解釈が一致していなければならない。一致してこそ、それを実行に移せる見込みが出てくるんだ」

「それでは、いったい戦略とは何ですか?」

とローリーが尋ねると、シドニーは躊躇なくこう言った。

「戦略とは、組織の事業環境を意識し、ミッションを追求するために、組織が採択する広範な優先事項だ」

ローリーがまだこの言葉を自分の中で理解し、必死に暗記しようとしているうちに、シドニーの話がまた始まってしまった。

「だが、その優先事項に取り掛かるのは簡単なことではない。つまり、自分の仕事について基本的な問いを自分の心に投げかけ、その答えを出すという、かなりの精神力が必要だということだ。これは方程式のほんのプロセスの部分だ。まあ、時間があればだが…」

彼が速度計をちらりと見ると、たちまち120㎞になった。

「少しばかり講釈できるよ」

アクセルを踏むローリーの足が重みを増してくる。彼は一心に考えていた。翌日サン・ディエゴに着くまでに学んでおかなければならないことをすべて考えれば、スピード違反の切符の1枚や2枚、今こだわっている場合じゃない、とローリーは思ったのである。

第7章　馬鹿げた質問

明るく輝くディアブロ山を左手に見ながら、2人は引き続き南へと進んでいた。日の光をいっぱいに浴びた、緩やかにうねった丘には低木の茂みやカリフォルニア・オークが点在し、ローリーの目を楽しませた。「こんなにシンプルなのに、心を奪われる美しさだ」と、彼は思った。

彼はこの光景に思いをはせながら、それと戦略計画の類似点を見出し始めた。

「おそらく戦略計画の策定も単純なもので、僕はそれを複雑に考え過ぎているだけなのかもしれない」

そして、目の前に広がる光景を頭の中で表現してみることに挑み、それができれば、計画策定のプロセスも簡潔に描くことができるだろうと、都合よく自分の考えを正当化した。彼はかなり長い時間、このテーマに執着し、シドニーが呆然とする程断固とした表情で唇を内側に吸い、絶え間なく指でハンドルをトントン叩いていた。やっとのことで彼が思いついた光景の説明からは、せいぜいウィンドウズの起動スクリーンでよく見る背景画が思い起こされるのが関の山だった。

「これじゃ、あまりにもひどい」と自分で思った。しかし、このささいな試みが何かの先触れだとすれば、これから仕事に関し道が開けると自分なりに理解した。

「それは無理そう…無理そうだ」と、頭の中で繰り返し思い浮かぶその言葉を打ち消したくて、彼は思わずシドニーにこう言った。

「私達にも計画策定のプロセスがあるんです」

シドニーは疑いの目でちらりと彼を見て言った。

「じゃ、それについて話してみて」

「えーっと」

ローリーは話し始めた。

「少なくとも年に1度はみんなで集まります。みんなの日程が調整できる場合には、素晴らしいリゾート地に2、3日滞在し、そこでいろいろなことを話し合うんです」

「いろいろなこと？」

と、シドニーが反論してきた。

「ええ、いろいろなこと」

こう言ってしまったことを正当化しなければとうろたえているかのように、ローリーは矢継ぎ早に返事を返した。

「市場や顧客、経済とか去年起こったことなど、いろいろありますでしょ」

「それで、その得た情報をもとに、何をするんだ？」

シドニーが尋ねた。

ローリーは偉そうに構えて返事をし始めるかのように、ぐいと体を前に乗り出したが、急にやめて、シートにどっかりと沈み込んだ。ほんの少し経ってから、彼は返事をした。

「予算や目標を作成するんです」

「いくつ？」

と、シドニーはローリーの方を向いて、鋭く質問してくる。

「いくつって、何がですか?」

「目標だよ。目標をどのくらい作成するんだ?」

シドニーの声が車内に響きわたった。

「ああ、それはもうたくさん!」

ローリーは自信を持って答えた。

「そうだと思ったよ」

シドニーはがっしりとした腕を組みながら、ため息をついた。そして、今度は息を大きく吸い込んで、話を続けた。

「君は、キッシンジャーが一般的な組織の計画策定について、何と言っていたか知っているかい?」

ローリーは少なくとも自分の知っている名前が出てきたことで、気分がぱっと明るくなったものの、なぜ昔の政治家のことに触れるのか、いささかまだ困惑していた。彼が返事をしようとすると、シドニーがまた話し始めた。

「キッシンジャーによれば、計画策定は一般的に、普段わかりきっていることを将来に投影することだという(注1)。つまり、すでにわかっていることを振り返り、その情報が将来においてうまく役立つことを願うというものだ。その際、たくさんの目標をブレーンストーミングにかける。

それが、真の経営思想の父、ピーター・ドラッカーが言うところの、よき意図のヒーローサンドイッチだ。これをやろう、あれをやろうと言うばかりで、実際身の回りで起きていることをなおざりにしている」

シドニーはこの独白に満足したのか、ゆったりと座り、ローリーの方をちらりと見た。ローリーは前方をまっすぐ見つめたまま、なんとかこの長い演説についていこうと必死だった。2テンポ遅れでようやく今、ドラッカーの言及に達するところだった。リアルタイムに戻ると、彼はここでキトリッジ社の戦術を弁明しておこうと考えた。

「こうしたミーティングはなかなかハードワークなんですよ。コーヒーを飲んだり、クッキーを食べながら、ただ座っているわけではないんです」

「なんか、少し暖かくなってきたな」

と、シドニーは言った。

ローリーは、隣の同乗者の言っていることが、比喩して言ったものなのか、それとも文字通りそうなのかよくわからなかったが、結局どちらともとれるという結論に達した。エアコンのボタンに手を伸ばし、軽く押すと、冷たい風が車内に流れてきた。

「これでいいですか?」

「ありがとう。あのね、君達がミーティングで知的作業に懸命に取り組んでいないと言っているわけじゃないんだ。だが、戦略計画の策定というのは難しく、みんなそれがわかっている。基本的には知ることのできない将来を見つめ、多くの可能性から選択をし、将来を予言する水晶球に映るものに対してうまく対応しようとしているんだが、それが容易なことではない。だから、おそらく適切にそれを行っていない企業が多いのだろう」

「でも、専門家なら将来をどう予測すればよいか垣間見ることができるでしょ?」

と、ローリーはフロントガラスの外に広がる空を指差しながら尋ねた。

「う〜ん」というシドニーの声が、ローリーの耳に届いた。シドニーの話が始まった。

「1984年に、『エコノミスト』が面白い調査をしているんだ(注2)。4人の財務大臣、4人の多国籍企業の社長、4人のオックスフォード大学の経済学部の学生、それに4人のロンドンのごみ収集員、彼らに多数の重要経済変数に関して、10年後の予測をしてもらった。そして、10年後結果が出た」

シドニーはまた、効果的に間を置く。そのわなにローリーはまんまとかかった。

「それで?」

「社長とごみ収集員が同点、財務大臣が最下位。でも、もっと悪いことに、それぞれの予測の平均が実際の結果に対してプラス・マイナス60%以上もかけ離れていたんだ」

「それなら、どうしてわざわざ戦略計画を立てようとするんですか?」

ローリーは明らかに仰天した様子で、大声を出してしまった。こんな骨の折れる仕事をいきなり押しつけられたばかりか、ここにいるランボーからは、それはほとんどあり得ないことだと言われる始末である。

「いらいらするな。トライすべきじゃないなんて、俺は言ってない」と、シドニーはどなった。

「ただ、それを適切に行う必要があるんだ」

2人は互いに目を合わせた。そして、シドニーが話を続けた。

「ガソリンスタンドの一件で気がついたんだが、君はトイレに行って手を洗うんじゃなく、除菌剤を手にかけていたよな」

「ええ、その方が簡単でしょ。時間も無駄にしたくなかったし」

「まさに俺が言いたいのは、そこだよ。大方の組織は手を洗わずに、手に除菌剤をかけている」

これにはローリーは目を丸くした。どういう意味だろうかと考え、月並みな格言ではなく、また難解な歴史上の引用でも披露してくれるのかと、期待していると言ってもよい程だった。

「わからないのか?」と、不満そうにシドニーが言った。

「そりゃ、時間や労力を費やして手を洗うより、除菌剤をかける方が簡単さ。だが、君の手は今きれいか、本当にきれいか?」

「まあ、ボトルに書いてある説明によれば」と言って、ローリーは座席の下にある小さなプラスチックボトルに手を伸ばし、目を細めて小さな活字を読んだ。そのため、車が一瞬、左の車線にそれた。

「これでほとんどのばい菌が消滅するということですよ」

「あっそう、でもまだこの辺にガソリンの臭いがしているけどね。除菌剤というのは、短期的な解決策なんだよ、ニューマン。ガソリンを本当に取り除くには、トイレに行って手を洗い、完全にきれいにするべきだったんだ」

「それが会社とどういう関係があるんですか？」

ローリーは降参し、話題を変えることにした。

「君の会社と同様、だいたいの経営管理チームは集合してすでにわかっていることを話し合い、それをもとに将来の予測をする。真の進展につながるような基本的な問いかけをせずに、手に除菌剤を振りかけるだけなんだ」

「それで、懸命な努力をして、その答えを見つけ出そうとしていない、そう言いたいんですか？」

「答えじゃない、**質問**の方だ。適切な問いかけがなされていないんだ」

と、シドニーは大声でどなった。

「本当に役立つ肝心な質問もせずに、多くの企業はデータを1件1件追跡し、しまいには戦略計画の策定が窮地に陥り、いわば課題のようになる。その結果、時として100ページを超える、グラフや囲み、図表、矢印、そして実行不可能な予定表がぎっしり詰まった計画書ができ上がる。わかるかい？　MEGOなだけだ」

「MEGO?」

「うんざりする程つまらない（My eyes glaze over）ってことだ」

ローリーはこの言葉にくすっと笑ったが、シドニーには笑い事ではなかった。

「冗談を言ってるんじゃないんだ。君達はそれに気づかないまま、そういうことをやろうとしている。いろいろな点で、ただ手の上に振りかけるだけの除菌剤方式の、何も新しいものを提供しない戦略計画の策定よりたちが悪い。分析ばかりで、人々は身動きが取れないまま、何の行動も起こすことができない。それが致命的となるんだ」

シドニーは葉巻のような形の指を1本使って、ピストルの引き金を引くまねをしながら、この最後の言葉を強調した。

「バランスだよ、ニューマン、バランス。効果的なプロセスにするには、無理に単純なものにする必要もないし、かといってとてつもなく複雑にする必要もない。適切な問いかけをすることだ。それは常にもっとも基本的な質問だ。そうすれば、効果的な戦略計画が得られるよ」

ローリーはこの不可解な質問について尋ねようと思ったが、その前に空腹であることに気づき、時計を見てみると、もう12時45分だった。ローリーはいつもどちらかと言えば食事の時間が決まっている方で、朝食は7時、昼食は正午、そして夕食は7時に取るのが習慣となっている。朝夕共7時と対照的になっていることが気に入っており、決まった時間に食事を取れないことをすごく嫌うのである。

「お腹空いてませんか？」

ローリーがそう尋ねると、シドニーは肩をすくめた。そのしぐさで、ローリーには十分理解できた。グリーンフィールドに通じるウォルナット・アベニューの出口まであと約２㎞となり、彼はその出口の方へ車を走らせた。下りのランプを軽快に走行していると、シドニーが遠くの方をじっと見つめて言った。

「世界のサラダボウルだ。この辺は出荷高20億ドルの農業地域だよ」

ローリーはただうなずくだけだった。

文字通り本能的な直感を働かせ、ローリーはウォルナット・アベニューを右折し、時速約24㎞でアスファルトの道をゆっくり進み、エル・カミノ・リアルを左折した。２つ信号を過ぎたあたりで、アップル・アベニューを右に曲がった。遠く前方には、午後の炎天下に光を放っているエル・マリアッチ・レストランが見えてきた。

（注）

1．Henry Mintzberg, *The Rise and Fall of Strategic Planning*, New York, The Free Press, 1994, p.179.（崔大龍・中村元一・黒田哲彦・小高照男訳『戦略計画－創造的破壊の時代』産能大出版部、１９９７）

2．Michael E. Raynor, *The Strategy Paradox*, New York, Doubleday, 2007, p.104.（松下芳生・高橋淳一監訳『戦略のパラドックス』翔泳社、２００８）

第8章　目で見たものがすべてとは限らない

エル・マリアッチ・レストランは、窓に掲げられた手塗りの看板によれば、1941年の創業となっている。ローリーとシドニーは店の前に立っただけで、五感がすべて刺激されるような感覚に襲われた。ドアを開ける前から、リッキー・マーチンの「君の想い出」が歩道にいる2人の耳に届いていた。心地よいメロディーが、レストランの使い古されたドアから波のように流れている。そしてドアを開けた瞬間、その音楽に取って代わって、さまざまな香りに圧倒された。スパイシーなサルサ、ジュージューと音を立てているカルネ・アサーダ（訳注：牛の焼き肉）、黄金色にローストされたトルティーヤ・チップスの香り、そして、それらがすべて混ざり合った香りの上にふんわり浮かぶ雲のように、紛れもなくテキーラの蒸気が漂っている。

暗くて広い店内に目を慣らせるために、2人はすぐにサングラスをはずした。周囲の状況をつかめるよう、ローリーはまわりを見渡した。壁にはあらゆる種類・年代の楽器が飾られ、いろいろなテーブルやボックス席がぎっしりと並べられ、どのテーブルの上もたくさんの料理と飲み物でいっぱいだった。床はテラコッタ製のタイルが格子じま模様に敷かれている。そして、そのタイルの中には、動物の足跡が型取られているものがあることに、ローリーは気づいた。店内の中央には、3段から成る大きな噴水があり、非常に広い外辺部に水がほとばしり、そのまわりの席に座っている人達に光のシャワーを映し出していた。

これこそが、グリーンフィールドにあるレストランのランチタイムの光景だ。女主人に順番を取るため名前を告げた。彼女の手際のよさから、そこの仕事を完璧に仕切っていることがうかがえる。ローリーとシドニーは、テーブルが空くのをじっと待っている農場の季節労働者やビジネスパーソン、若い家族など、いろいろな人々に交じって立っていた。

シドニーがメニューをじっと見つめている時、ローリーはパリッとした白のシャツにダース・ベイダーのような黒のパンツをはいた、背の高い男がいることに気がついた。ルックスのよい彼には、一緒にいる人目を引くような金髪の女性と2人のかわいい子供達がとてもお似合いだった。男の子は10歳くらいで、女の子の方は6歳あたりだろうか。彼らは皆魅力的で、テレビのコマーシャルに出てくるような家族である。混み合う入口カウンター付近で順番待ちが続く中、白いシャツを着た男が、そばにいたもう1人の男と会話を始めた。うらやむような白髪のこの紳士は、青いブレザーを着て1番上のボタンを留め、しっかりと直立した状態で立っていた。テレビのたとえ話にこだわるようだが、彼ならコンラッド・ハリバートンやディラン・ファウストのような名のあるメロドラマの俳優として通用するのではないかと、ローリーは思った。

ある理由から、こうした場面がすべて、ローリーには心地よかった。彼はすぐにシナリオを想定できる。ここに2人の男がいて、おそらく彼らは仕事上の知り合い、そして忙しい日々の中で時間を作って家族と食事をしに来ている。古きよき家族体系は健在だと、彼は思った。その後少しして、気品のある紳士とその連れは、名前を呼ばれてテーブルの方へ向かった。紳士の方が愛想よく手を振って挨拶をした。相手の男が手を下ろすとすぐに、その息子が尋ねた。

「パパ、あの人と知り合い?」

「ああ、病院で働いている奴だ」

と、父親はそっけなく返事をした。

「どんな人?」と息子が聞くと、父親はためらうことなく、「馬鹿な奴だ」と答えた。

少年の顔はあぜんとした表情に襲われ、尋ね返した。

「どうして?」

「さあね。2階にいるあの男に聞いてみろ。馬鹿な奴さ」

少年は、この時点で完全に当惑しているようだった。これにはローリーも同様で、これまで抱いていた家長のイメージが、急に目の前で打ち砕かれた。

「どうしたら幼い子供にあんなことが言えるんだろう?」

そんな疑問が、とめどもなく彼の頭を駆け巡っていた。幸いにもそうこうしているうちに、女主人に名前を呼ばれ、あの大きな噴水のすぐ左側の席に案内された。

「この席なら、レインコートを持ってきてほしいな」

と、シドニーがふざけて女主人に言った。彼女はただほほえむだけで、そのまま引き返して行った。おそらくそんなセリフは長年もう何回も聞いているのだろう。

まるで軍人のようにきちょうめんな様子で、バスボーイがどこからともなくよく冷えた水を持って現れた。そして、次にやってきたウェイトレスが即座に挨拶をし、それと同時にメニューをさっと出し、温かいクリスピーなトルティーヤ・チップスが入ったかごを差し出した。枝編みのかごがテーブルに置かれる前に、シドニーの巨大な手がローリーの細くてケーキのような白い手とチップスの真ん中付近で触れ合った。しかし、もらったかごには、黄金色のチップスがたくさん入っていたため、お互い手を引っ込めた。しばらく2人は満足そうに黙ってチップスをむしゃむしゃ食べていたが、そのうちローリーがちらっと右側に目を向けると、馬鹿発言をしたあの男とその家族が見えた。あの不愉快なシーンをどうしても思い出したくなく、彼は戦略計画の策定という手近な問題に話題を戻した。

「ところで、戦略計画を立てるために必要な、効果てきめんなその質問とは、どういうものなんですか?」

彼はチップスを口一杯にほおばりながら、唐突にそう切り出した。

シドニーは、水の入ったグラスをドシンと置き、大きな声で言った。

「その質問は最後にしろってとこだな」

「何のことですか?」

「『摩天楼を夢見て』という映画を観ていないか?」

ローリーは、きょとんとするほかなかった。

「まあいい。つまり、まだ君は質問する段階に至っていないということだ」

2人の間に急に沈黙の時が流れ、店内の四隅すべてに置かれた古びたスピーカーからは「デ・コローレス」の曲が鳴り響いていた。

「それで…」とローリーが言いかけたところで、突然小柄なウェイトレスが現れた。ジェット機のような速さで、テーブルからテーブルへと移動しているのだろうか。

「ご注文は？」

シドニーはためらうことなく、「チキン・チミチャンガとテカテ・ビールを」と言った。

ローリーは、空腹で通常の食事時間からずれていたにもかかわらず、迷っていた。もうずいぶん長い間、メニューを眺めている。一刻ごとにローリーとウェイトレス、そして早めに注文を終えたシドニーとの間に緊張が増していった。やっとローリーが注文を始めた。

「ステーキとカニをお願いします」

「カニは5ドル追加になりますが」

「う～ん、ステーキはどれがお勧め？　フィレがいいかな？」

ウェイトレスは何度もうなずいた。それは、「ええ、おいしいわよ。それでいい？　私は他にも37のテーブルを受け持っているのよ」とでも言いたげな様子であった。

「よし、じゃフィレにしよう」

「200、それとも250？」

「えっ？」

「200gにしますか、それとも250gにしますか？」

「250gの方がいいな」

彼は、食べることに関しては大胆であることを自慢するかのように、シドニーに向かって笑みを浮かべた。

「ホースラディッシュかブルーチーズをお付けしますか？」

「いや、どちらも結構。付けなくても構わないかな？」

ウェイトレスはいったんメモ帳のオーダーをぐしゃぐしゃに消して、また新たに走り書きしていた。一方、ローリーはテーブルの上の空になったグラスを持ち上げた。

「ああ、それから別のグラスを持ってきてくれるかな。これ、少し汚れているから」

ウェイトレスはうなずき、そのグラスをつかんだ。

「サイドディッシュは何にしますか？」

「ああ、これがサイドディッシュか」と、ローリーはメニューの前菜のセクションを指差した。

これには、シドニーも堪忍袋の緒が切れた。彼はセントヘレナ山のように怒りが爆発し、ローリーの手からメニューを取り上げ、ウェイトレスに大声で言った。

「ステーキ・チミチャンガだけでいい！」

ローリーがほぼ空になったチップスのかごに視線を戻すと、例の家族のテーブルから、騒々しい声が聞こえてきた。どうも幼い息子が食べるのを拒んでいるらしい。母親は切々と何度も訴えている。

「ジャック、お願いだからタコスを食べてちょうだい。ねえジャック」

しかし、彼はそれをものともせず腕組みをして、意志を曲げなかった。シドニーは少し首をかしげ、そのちょっとした口論に耳を傾けていた。そしてローリーの方を向いて尋ねた。

「さっき入り口にいたあの親子をどう思った？」

「正直なところ、ショックでしたね。子供の前であんなふうに言う父親がいるなんて。ああいう他人の悪口を言うんですね。子供がおろおろしていたのを見たでしょ。もうランチだって食べようとしない」

「そこでだ。何がわかる？」

シドニーはいすの前の脚２本が少し宙に浮くぐらい、背もたれに体を強く押しつけ、そう尋ねた。

「つまり、あの父親は本当に…」

「違う！」

と、シドニーは叫んだ。

ローリーはいすに深く腰かけ、何が起きていたか、あの家族をどうイメージしていたかじっくりと考え、自分の目の当りに見たと思われるものに基づいて結論を出したが、結局それが考えていた程、正確ではないことに気がついた。そして、こんな考えが浮かんだ。

「わかりました。私は、あの家族の状況を表面的にしか見ていませんでした。それをもとに、勝手な思い込みをしてしまいましたが、『ビーバーちゃん（訳注：『Leave It to Beaver』米国のコメディー）』に出てくるような完璧な家族といったそんな憶測は、現状と一致していないということがわかりました」

「まったくあいつは、父親としてなってない！」

シドニーは大きな両腕を激しく使った身振りでそう言い放った。そして、話を続けた。

「まさにその通り。君はある仮定を設けると、一足跳びに結論を出し、その結論を疑わなかった。だから、あの父親の思い掛けない一面にひどく驚いたんだ」

2人はこのちょっとしたブレークスルーを祝って、水の入ったグラスをカチンとぶつけ合った。シドニーは座り直して、いすに深く腰かけ、穏やかな表情でうなずき、ローリーに目を向けた。そのまなざしは、ミュージカル「マイ・フェア・レディ」で、イライザ・ドゥーリトルの力量を見定めるハリー・ヒギンズのようであった。そして、彼はフォークを持ち上げ、それに息を大きく吹きかけ、シャツでごしごし磨いて、話を続けた。

「ビジネスや家庭、社会など、どんな状況においても、われわれができる重要なことの1つが、その瞬間において考えていることや感じていることに関する仮定を疑ってみることだ」

間を置いてから、尋ねた。

「ニューマン、そういうことをしたことがあるかい?」

ローリーはさらに親近感を覚え、ここで空白の時間を作って会話がはずまなくなるようなことはしたくなかった。その上、ローリーはシドニーが重要なことをよく知っていると感じ、彼からもっと多くのことを学びたいと思ったのである。「まあ…」と言って、彼は思い巡らしながら、前かがみになったかと思えば、またすぐにいすに深く腰かけた。ダメだ、シドニーの期待に応えられそうにない。彼はテーブルに視線を落としたままだった。シドニーからの強い視線を感じるものの話すことが何もなかった。そこへ幸いなことに、救済者が現れた。忙しそうに動き回っているウェイトレスがどこからともなく、シドニーのビールと大皿料理を2つ持ってやってきたのである。スピーディーな動作にもかかわらず、彼女はうまく2人の前にきちんと音を立てずに皿を置くことができた。

「他に何かお持ちするものはありますか?」

と彼女が尋ねた。

ローリーとシドニーは2人同時に首を横に振り、ナイフとフォークをつかんだ。ちょうどその時、女主人が彼らのすぐ横のテーブルに別の客を案内した。席に着いたのは、3人共、20代前半の男で、皆びしょ濡れのタンクトップとしわだらけのショートパンツを身につけ、ランニングシューズをはいていた。ローリーには、彼らがまるで競技場か山道からちょうど帰ってきたところのように見え、ランニングを終えて最後にブリトーで締めくくるのも奇妙に思われた。「まあ、人それぞれだ」と思いながら、たっぷりの油で揚げたチミチャンガを食べ始めた。

このカリカリなチミチャンガを口にしたちょうどその時、彼はひらめいた。そう言えば、最近ある仮定にチャレンジし、その結果大きな違いが出たのである。ローリーは自宅近くの丘をハイキングしたりジョギングすることを楽しんでおり、少なくとも週に3日は出掛けることにしていた。彼はいつも決まったルートを通って、近くの丘へ行く。その丘は、よく消防士達の訓練に使われていることから、「消防士の頂」と彼は呼んでいた。コースとしては、まず舗装されていない平らな道を1・6km程進むことから始まり、その後ジグザグと曲がりくねった登り坂になる。それを800mくらい登ると、5度くらいの傾斜がついたまっすぐな道が400m程続く。精神的に余裕がある場合にはいつも、ローリーはその坂を走ることにしていた。険しい丘はジグザグと登っていくことが彼のいつもの戦略だが、それによって、山道の中央に点在するふくらはぎ丈の低木の茂みや、突然足を取られそうになる多くのわだちを避けられることになる。低木の間を抜けてわだちをいちいちよけながら行けば、かなりスピードを落とすことになるだろうと、彼は推理していたのである。

しかし、最近になって、低木やわだちを避けて進むのが一番の方法だという仮定に疑問を抱き、あちこちにはえている野草をなぎ倒し、部分的に隠れているわだちもぴょんと跳び越えながら、ひたすら坂をまっすぐ駆け上がることにしたのである。リスクは増すが、まさしく1回試してみると、仮定にチャレンジすることにより、これまでより15秒も時間を短縮できることがわかった。

ローリーはこの発見をシドニーに伝えた。その時点まで、シドニーはもうほとんど空になった自分の皿に視線を落とし、まだ顔を上げずにいた。彼は口のまわりをナプキンで力強く拭いて、こう言った。

「まさにそれだよ、俺が言いたかったことは。君は自分の仮定したことに疑問を持ち、以前には存在しなかったもの、つまり可能性に気づいたんだ。そして、その時こそ、適切な行動を取り始めることができる」

「キトリッジでも、そうする必要があるんですね」

とローリーは申し出た。

「話を続けて」

と、シドニーが指示した。

「われわれは、顧客が何を望んでいるか、市場はどう動いていくのか、どんな商品がヒットするのか、知っているものと考えている。でも、何かに着手する前に、こうした仮定を何1つ検証していない」

「それをしないで、戦略など立てられないだろ」

と、シドニーは歯の間につまようじを突き差しそれを揺らしながら、皮肉っぽく言った。

「そうですね。丘を駆け上がることは、私にとって簡単でした。リスクの度合いは低く、時間は数秒短縮できました。でも、それをキトリッジではどのように行えばいいんでしょう？　われわれの仮定に、どう疑問を投げかければいいんでしょうか？」

ローリーはシドニーの方へ身を乗り出したが、シドニーはいすに深くかけ直し、レストランの奥の壁に貼られたポスターを指差した。ローリーがその指差す方に目をやると、それは1970年代のバドワイザーのポスターだった。そこには、実に見事なクリスマスの正装をしたエド・マクマホンとクライズデールの馬達が描かれていた。

「エド・マクマホンとこれと何の関係があるんですか?」

ローリーは非常に困惑した表情で尋ねた。

「もう1度見てみろよ、ニューマン」

と、シドニーは命じた。

ローリーがあらためて壁をしっかりと見直してみると、高いがけからまさに飛び立とうとしているハング・グライダーに乗った頂上の人を、元気そうな10代の若者達がぽかんと見つめている別のポスターが貼ってあった。しかし、これを見てもローリーには何も思いつかず、シドニーを見つめた。

「ハング・グライダーがどこから来たか知っているか、ニューマン?」

「サン・ディエゴ?」

「違う! レオナルド・ダ・ヴィンチだ。彼は約500年も前に、ハング・グライダーやヘリコプター、そして現代の橋の前身となるものをスケッチしていたんだ」

「ということは、つまりわれわれは壁を作ることなく、橋をかける必要があるんですね」

ローリーは深い瞑想にふけって、何回かうなずき、自分のこの哲学的な洞察に非常に満足している様子だった。しかし、瞬く間にその幻想は、シドニーによって遮られた。

「そうだね、そりゃ、すばらしい考えだ。まあ、それも君が美人コンテストの出場者かなんかだったらね。この議論にはまったく的外れな話だ」

シドニーは悪意に満ちた目でローリーの方を見て、続けた。

「ダ・ヴィンチはかつて、自分のことを discepolo della esperienza だと言っている（注1）」

これ見よがしにイタリア語を使った。

「つまり、彼は経験の信奉者だということだ」

「言い換えれば…」

とローリーが返事を引き出そうとした。

「言い換えれば、彼は実際に体験することによって、仮定を検証するということだ。世界を巡り、いろいろなことが実際どう機能しているか見たんだ。ちょうど君が丘の中腹を駆け上がったようにね」

「お食事はお済みですか？　よろしければ、デザートはいかがですか？」

ウェイトレスが再び突然現れ、自分の仕事をまたし始めた。彼女の左手には、食べ終わった山のような食器が重くのしかかり、バランスを取るのも危うい程だったが、さらにその上にローリーとシドニーの皿も積み重ねている。

「ちょっとメニューを見せてくれないか」

と言ったシドニーに対し、ローリーもそれに同意しうなずいた。

「はい、すぐにお持ちします」

彼女はそう言って、また去って行った。

「ニューマン、地下鉄に乗ったことはあるかい？」

「えっ？」

「地下鉄だよ。地下を走る輸送システムのことだ」

シドニーはたっぷりと皮肉を込めて言った。

「ええ、何回かは」

「じゃ、ビル・ブラットンという名前を聞いたことがあるか？」

ローリーはためらいがちにうなずいた。名前はどこかで聞いたことがあるものの、誰だったかすぐには思い出せなかった。カチャカチャいうフォークの音、飛び交う人の話声、そして、これはこのレストランの選曲が変だと思われるが、カントリー歌手のガース・ブルックスの曲「フレンズ・イン・ロー・プレイスィズ（Friends in Low Places）」が大きく流れる騒音の中で、集中力を維持するのは、いささか困難だと感じていた。シドニーはテーブルの向こう側にいるローリーの方へ身を乗り出した。

「ブラットンは、深く根づいた仮定に立ち向かうことが、どれ程影響力を持っているかわかっていた。１９９０年に、彼はニューヨークの交通警察本部長に任命され、まず最初に優先的にすべきことの1つが、地下鉄から悪を一掃することだった。だが、誰もそのことに真剣に関心を示すこともなければ、支持することもなかった。というのは、統計的に見れば、地下鉄での犯罪は逮捕数全体のほんの一部に過ぎなかったからだ。みんな、大した問題ではないと思っていた。そこで、彼はそこに大改革のメスを入れようと決心した。あの頃、地下鉄のシステムは「電気で動く下水道」として知られていた。浮浪者から金をせびられたり、不良少年の一団に襲撃されたりして、人々が恐怖を感じていたことから、そう言われたんだ。ブラットンは、自分も含めチーム全員に昼夜地下鉄に乗らせることにした。それによって彼らは、通常のニューヨーカーが日々経験している腐敗した状況を感じることができた。彼らは自分の目で何が起きているのかを見て、恐怖を感じ、巡回が不十分で人々に重荷を負わせているシステムの影響が出ていることに感づいた。現実を突きつけられた打撃により、事態は一変したんだ(注2)」

この話でローリーは、チミチャンガを食べた後のたじたじの状態から立ち直り、キトリッジ社で行われている、いわゆる戦略会議に思いが巡り始めた。誰かその「電気で動く下水道」に乗ったことはあっただろうか。実際に出掛けて行き、顧客と有意義な会話をし、自分達の製品がどのように使われているか、真相を突きとめたことはあっただろうか。そんな状況の中、ウェイトレスがすーっとデザートメニューを持ってやってきたが、彼のその自問はまだ続いていた。

「私としては、プラタノス・マチョスがお勧めです」

2人の顔にそれは何だろう、まったく聞いたこともないといった表情が浮かんだため、彼女はわかりやすく説明した。

「バナナを揚げたものです。バターや砂糖、グラン・マルニエをたっぷり使っていますよ」と自信たっぷりに言った。ローリーとシドニーは顔を見合わせ、おいしそうではあるが、ライスや豆を添えたチミチャンガを1皿食べた上にさらにそれを食べると、国道101号線を走る時眠気が生じてよくないだろうと思い、注文しないことにした。

ローリーは、キトリッジ社におけるこれまでの戦略会議に関して、また批判的な考察をし始めた。そして、仮定を問い直すことによって事実に直面してこなかっただけでなく、何の新しい情報も探知せず、いつも同じ古いことばかり話し合っていることが多かったことに気づいた。

「新しい情報を現状に取り入れずに、どうして仮定に疑問を抱き、自分達を取り巻く環境を知ることができるだろう」

と彼は思った。彼はこれについてあれこれと考えた末、シドニーに話してみることにした。

「それでは、本当に仮定について深く掘り下げるためには、まず情報を集めなければならない、ということですよね？　何が起きているのか、誰が何を考えているのかということを理解した上で、そこから何がわかるか探っていく必要がある」

噴水の流れ落ちる水に日の光が当たったのだろうか、シドニーの目が輝いているではないか。確信を持ってその表情を読み取ることがローリーにはできなかったが、シドニーが好印象を持ったことは、ほぼ間違いなかった。シドニーは大きな手でテーブルをドンと叩いた。

「ようやく前途が明るくなってきたな、ニューマン」

「それで、どのような情報がベストなんでしょうか?」

とローリーが尋ねた。

「窓の外を見て、何が見えるか言ってみろ」

ローリーはしっかりと曇りガラスの向こうを見つめた。通りの向こう側を見渡すと、2軒の小さな店先を横切る路地があり、雑草が生えた細長い敷地を過ぎたところで、最後に彼の視線はゆるやかな丘の斜面に辿り着いた。ローリーは必死で頭の中の自分の辞書にすがり始めた。

「牧歌的…素朴…のどか…田舎…きれい、いやきれいはよくないしな…」

ローリーには時間がずいぶん経ったように思われたが、その後シドニーが口をはさんできた。

「あそこのあのきれいな丘の斜面を見たかい?」

「くそっ! きれいでよかったのか」とローリーは思った。唇をかみしめて彼は言った。

「ええ、見ましたよ」

「あれを見て、どんな疑問がわく?」

とシドニーが質問した。

ローリーは丘の木立ちをもう1度見て、質問を並べ始めた。

「あの木の種類は何だろう? この辺はあまり雨が降らないだろうけど、どの程度植物が成長するのか? 頂上まで登るのに、どのくらいかかるんだろう?」

疲れ切った表情でローリーはシドニーの方を向いて、彼の反応を待った。

「いいだろう、疑問はそんなところだな。頂上まで登るのに、どのくらいの時間がかかるのかというのが、俺は気に入った。創造的で、多少奇抜なところもあるしな。ニューマン、君が情報収集の際すべきことは、まさにそれなんだ。通常とは違う見方をし、新鮮なとらえ方をしてみることだ」

「わかりました。それでは、あなたならどのような疑問を持ちますか？」

とローリーは窓の外を指差しながら、質問を突きつけてみた。

シドニーは迷うことなく、すぐに答えた。

「地形はどのようになっているのか？　どのくらいの数の、またどんな種類の動物が生息しているのか？　この100年あるいは1000年の間に、景色はどのように変わったのか？　必死に捜せば、あそこには金塊か何かの貴金属の塊が見つかるのだろうか？　あそこは、どんな食物の成長に適しているのか？　人間、動物共に最速どのくらいであの丘を越えたのだろう？　あそこは何か大きな戦争の跡地なのか？　何回くらい火事の被害を受けたのだろう？　あの丘の上空を1日にどのくらいの数の飛行機が飛んでいくのか？（注3）」

これはまだほんの序の口だと示すかのように、シドニーは一呼吸した。

「いいです、わかりました。素晴らしいひらめきです。でも、確かにそれは面白い見方かもしれませんが、私達が考えているのは丘についてではなく、キトリッジ社についてです。どんな疑問を持てばよいのですか?」

「原理は同じさ。深く掘り下げて、疑問をいくつか見つけ出す。その疑問によって、心から意欲がかき立てられ、自分の進むべき方向が明らかになる。あそこの丘にある岩と同じくらい可能性はたくさんあるんだ」

シドニーはここで間を置いた。テーブルの向こう側のローリーの表情が、シドニーの目に留まったからだ。母雀からえさを必死にねだる子雀を思わせるような顔だった。

「わかったよ、ニューマン。君の意欲をそそるような疑問がいくつかある。たとえば、実際によく売れている製品は何なのか? なぜそんなにそれが売れるのか? 特別売れない製品についても同じように考えてみる。何が売れないのか、なぜそうなってしまったのか? 顧客がその製品を使っていて、我慢を強いられる最大の問題は何なのか? もっとも異常な方法で製品を使うのは、どの顧客か? 製品のコストを、そうだな、25%削減したとしても、まだ大多数の顧客のニーズを満たすことができるのだろうか?」

シドニーの話しぶりは機関銃のような早さで、彼はこの話題で1日中話していられるのではないかと思われる程だった。しかし、この集中攻撃にローリーが圧倒されていることを感じとり、シドニーは、

「こうしたことからすべてが始まるんだよ」

と締めくくった。

ウェイトレスが勘定の伝票を持ってやってきて、一言「ありがとうございました、いい1日を」と彼らに言い残し、さっさと立ち去って行った。その際、彼女が急に向きをくるりと変えたため、その伝票がひらりと飛んで、テーブルへとぐるぐる回転していった。お互いそのただ白い紙をじっと見つめ、一瞬その場が白けた。最終的にローリーがそれをつかみ、シドニーにほほえみかけて、いすからさっと立ち上がった。戸口へ向かう時、突然例の発言をした父親とその家族にぶつかった。彼らは中途半端な笑みを交わし、ローリーがその家族に先に行くよう、腕を伸ばして示し、彼らは前へ進んだ。ローリーはその時足を止めて、その父親のパリッとした白いシャツの後ろ姿を見つめながら思った。自分とは一言も言葉を交わしていないこの男が、こんなに多くのことを教えてくれたとは、驚きである。

（注）

1. Michael J. Gelb, *How to Think Like Leonardo da Vinci*, New York, Bantam Dell, 2004, p.78.
2. ブラットンの話と電気で動く下水道については、W. Chan Kim and Renee Mauborgne, *Blue Ocean Strategy*, Boston, Harvard Business School Press, 2005, p.153（有賀裕子訳『ブルー・オーシャン戦略』ランダムハウス講談社、２００５）より引用。
3. シドニーはローリーに創造的な質問をいくつかしている。質問については、Kevin P. Coyne, Patricia Gorman Clifford, and Renee Dye, "Breakthrough Thinking From Inside the Box," *Harvard Business Review*, December, 2007, pp.70-79より引用した。

第９章　核心に入る

ローリーとシドニーは重い足どりで歩道に沿って歩き、満腹になった体で車にどっかり乗り込んだ。室内は日当たりがよいため暖かくて気持ちがよく、ボリュームのあったランチの後ということも相まって、まるで睡眠薬のようだった。眠くなるのを完璧に防ぐためには、頬に水でもバシャバシャかければよかったのだろうが、そんなこともできないため、ローリーは犬や猫がするように、激しく頭を左右に振った。これも眠気を払うという所期の効果を生む一要素となったが、さらに携帯電話の音で目が覚めた。2件新しい音声メールのメッセージが入っていた。

1件目はシドニーと昼食を取っている間に送られてきたもので、いささか取り乱しているようなジム・トービンからだった。短くはあるが、よく考えた上で一気に述べている。

「ローリー…ジムです。えー、私達は例の件についていろいろ話し合いを進めていますが、戦略計画の策定に関する報告書を早目に必要としています。5日ではなく、3日で。ローリー、できますか？　私達は揺れ動いているこの窮地から抜け出さなくてはなりません。新しいチームのためにみんなをあっと言わせることが必要で、直ちに成功を収めなければならないのです。大丈夫ですか？　みんなあなたが頼りなのです。何か質問があれば、電話して下さい。でも要は、報告書を3日でお願いしたいということです。それでは、よろしく」

ローリーにとって、このメッセージを忘れてしまうということは、シドニーが英国の執事と間違われることよりもあり得ないことではあったが、携帯電話の9番ボタンを押し、メッセージを保存した。さらに操作しようとする前に、次のメッセージが始まった。

「あっ、私よ。今どこ？　携帯は常に持って歩いてね。ヘンリエッタから、養子の仲介業者に来週までに支払いをするよう電話があったわ。彼女によれば、小切手が清算されない限り何も事は進展しないのが、昔からの一般的な規約だそうよ。仕事は万事順調？　小切手を切るけど、それでいい？」

そこからしばらく間があった。

「私達はこれからいすをもらいに行くところなの。今夜電話してね。愛しているわ」

あと3日…来週までに小切手の支払い、仕事上の問題など、次々と考えるべきことがローリーの頭の中で駆け巡っていた。難問を処理する際に彼が好んで用いる方法は出掛けること、岩のごつごつ出た小道を突っ走りながら、頭の中で解決策を練り上げていくことだが、今回は明らかに無理だった。コードバンのローファーをはいてグリーンフィールドのアップル・アベニューを小走りすれば、間違いなく洞察力を働かすどころか、驚異の目で見られてしまう。彼はまっすぐ前方を見つめ、日の光で熱くなったハンドルを握りしめていた。その時、突然シドニーが尋ねた。

「出発するかい？　それとも…」

国道101号線に戻り、C230の車内には、車のタイヤがアスファルトの道をまっすぐ進むリズミカルな振動音だけが響いていた。ローリーとシドニーは思い思いの時を過ごしていた。何も語らず、かろうじて身動きしている程度だった。ローリーの動きと言えば、ハンドルを少し調整することぐらいで、一方のシドニーは、昼食をたらふく食べた後に午後の暖かい日差しを受け、眠気に勝てず、知らず知らずのうちに体を時折ぴくっと動かしていた。

もちろん、彼の心を読むことはできなかったが、ローリーは、きっとシドニーの頭の中に今流れているものは、自分の頭の中で逆巻く波よりもずっと穏やかなものだろうと思った。羨望の思いが心の中に沸き立ったが、すぐに払いのけた。

「僕ならできる。やってみせる」

自分にそう発破をかけてみると、一時的ではあるが、慰められる。しかし、その後すぐ、頭をかきながら自問する。

「でも、どうやって?」

彼は前へ進むために、まずどこから来たのか検証すべきだと考えた。これまで何を学んできたのだろうか? 彼は続けて数回深呼吸をし、頭の回転を早めようとした。そして、自分の前でその日繰り広げられてきた出来事を振り返ってみた。なんと嵐のような6時間だったんだ。まず最初に売却のニュースが飛び込んできて、マークが妙にニンマリとしながら奥歯に物がはさまったような言い方で警告を発してくる。次に、この奇妙な男が旅に同行するという知らせが入る。ぎこちないスタートだった。ガソリンスタンドでは予期せぬ出来事にはらはらした。もちろん、シドニーからいくつか教訓も得た。

その教訓とは何か、自分自身にきちんと説明できるだろうか? それを効果的に文書化し、ジム・トービンと共有し合えるだろうか? そこで、彼は得た教訓を列挙し始めた。

「まず、戦略の定義を一致させることから始めなければならない。よし、ＯＫだ。次は何だ？　ほとんどの組織において、プロセス自体に欠陥がある。よい意図をてんこもりにしたヒーローサンドイッチにしてしまうか、あるいは、分析の麻痺状態を引き起こすだけのグラフや図表、小さなフォントをつけた１００ページを超える書類を作り出してしまう」

こうした考えの流れが、速度計をちらっと見たことで途切れてしまった。針は時速１３０㎞に達しようとしていた。「クルーズ・コントロールを使った方がいいかな」と思ったが、彼はアクセルから足を少し放して減速し、心の中で自問を続けることにした。

「それじゃ、どうやってそのプロセスを改善するのか？　まず、偏見を持たずに新しい考え、意見を受け入れること、そして自分の仕事に関する仮定にあえて疑問を抱いてみることから始める。次に、それをどうやって行うか？　仮定を検証してみる。たとえば、ニューヨークのブラットンが、電気で動く下水道に乗ってみるといったように。そうすれば、わかってくる。それから、実際に戦略を策定する前に情報を集め、現在どういう状況なのか、またどういう状況を目指すのかということを、より明確にさせる創造的な問いかけをしてみる」

ローリーの中で、確かな達成感と誇らしい気持ちがこみ上げてきた。彼は成長し、正しい方向へ進んでいる。だが、ここからどこへ向かうのか？　次のステップは何か？　これが、プロセスの中核となる、シドニーが言っていた仕事に関する基本的な問いに違いない。情報を収集し、プロセスを形成する場合の質問ではなく、戦略を練り上げることにつながる、基礎的で主要な、そして必須の質問である。

ひき続きローリーが次のステップに取り組んでいると、突然新たに現れた緊急課題に目が釘付けになった。前を走るトヨタのトラックの荷台から大きな流木がものすごい勢いで落ちたのである。暴れ回る象のように、巨大な木のミサイルが車に向かって飛んでくる。あと1秒足らずで、甚大な被害を被るのは間違いない。ローリーは本能的に思いっきりハンドルを右に切った。車は車体を傾けて路肩を超え、わずか60㎝幅の細長い砂利道へと疾走した。彼は車と格闘したが、もうこうなるということをきかず、ジャングルで追われている獣のような反応を示していると思われた。しっかりとしたブレーキとスムーズなハンドル操作で、彼は再び車を制御することができた。バックミラーをのぞいてみると、コントロールのきかなくなった丸太が道路の真ん中に転がっていくのがちらっと見えた。彼の血管の中をアドレナリンが勢いよく流れていた。

その時、シドニーはと言えば、背筋をまっすぐ伸ばして座っていた。直立の姿勢をとっていたため、車の振動で彼のオレンジ色のバンダナが天井に当たってこすれた。2人は呆然として言葉もないまま、キング・シティに入ったことを告げる一群の看板を通り過ぎた。ガソリンスタンドやレストラン、キング・シティ・ゴルフコースを始めとする娯楽施設があることを示す小さな看板が立ち並ぶ。これはお決まりの組み合わせだ。ローリーはいつもこうした看板に疑問を持っていた。機能性についてではなく、芸術的な表現に関してである。たとえば、くたくたになっている旅行者に向けた看板と考えた場合、いつも彼にはそれが人の心をほっとさせるイメージとは正反対のものに思われた。円で描いた頭部に首のないまま直接直線の胴体をつないだような棒線画が、コンクリートに見える板に描かれているのである。もっと何かいいアイデアは浮かばないものだろうか。

凶暴な流木のおかげでシドニーが完全に意識を取り戻したので、ローリーは今が戦略計画の策定を考察する話を再開する時だと考えた。彼は果敢に助手席のシドニーに向かって言った。

「それで、次のステップはわかっています」

こうした宣言にも、シドニーは大理石の彫像の如く、無反応でしかなかった。そこで、ローリーは続けた。

「次のステップは、質問です。戦略の定義を一致させ、仮定を検討し疑問を持ってみる、そして情報を収集するなど、言ってみれば、われわれは種をまいてきた。そして今、質問の段階に達した、そうですよね？」

「さっきのあの看板を見たか？」

とシドニーが尋ねた。

「キング・シティの？」

「ゴルフコースのだ」

「ええ、それが何か？」

この一見無意味に思える話題の逸らし方に、ローリーの不満が顔に出そうになったが、シドニーはそんなことに気づかず、話を続けた。

「2、3年前に、パームスプリングスで行われた有名人のゴルフトーナメントに出たことがある。あの日は風がヒューヒュー鳴ってね、秒速20mは超えていたな。それはともかく、有名人の中にはモーリス・ザ・マレットがいた。覚えているかい?」

わずかながらもローリーの顔になんとなく聞き覚えがある様子がうかがえた。少なくともシドニーにとって、話を進めるにはそれで十分だった。

「あの男は、頭がおかしいんじゃないかと思われるくらい、いかさま野郎でね。カートでフェアウェイに乗りつけるわ、ホールのスコアはインチキするわ、まあ単純なものなんだがね。一緒にいたメンバーは皆、そんなことをやめるように彼に言おうとしたんだが、無駄だった。われわれが後半のあるホールで18パットも叩いたはずなのに、彼はわれわれにバーディーでいいと言う。マレットが改ざんしたスコア記録のおかげで、結局われわれは56打であがったことになり、優勝しちゃったんだ。クラブハウスに戻り、マレットからすさまじい程強制されながら、スコアカードにサインをした。でも、そこにいた男が『モーリス・ザ・マレット、彼はインチキしている!』と言ったんだ。それで話し合いが行われ、われわれは1位から3位に下げられた」

「いったいそれがどういう関係があるんだ?」

とローリーはつぶやいた。彼は右にウィンカーを出して車を2番目の車線に移動させ、外側の道路を占有しているまさに車輪付きの安家屋といった、旧式のキャンピングカーを追い越した。

元の車線に戻り、ローリーが懐疑的な目でシドニーをちらっと見ると、彼はすぐにローリーの様子を察知した。

「要するに、質問をする前にもう1つすべきことがあるということだ」

彼は不意に話を中断し、ひげが生えた顔に指を走らせた。

「中核的な目的、つまりミッションを検討しなくてはならない」

「ですが、それがへんちくりんな髪形（マレット）をしたモーリスという人とどういう関係があるんですか？」

とローリーはいら立って尋ねた。

「モーリス・ザ・マレットだよ。君は知っていると思ったんだがね、ニューマン」

ちょっと間を置いた後、シドニーはゆっくりとした語り口で話を進めた。

「人や組織はすべて、ある種の羅針盤によって導かれるものだ。その羅針盤となるのが、中核的な目的であったり、存在理由であったりする。モーリスの内なる羅針盤は調子が悪く機能していないため、最終的には損失を生むまずい意思決定をしてしまうんだ。それはゴルフの試合に限ったことではない。投資の詐欺で逮捕され、刑務所行きになるという記事をちょうど読んだ。彼の羅針盤は調整がかなり狂っているんだ」

「私には、まだあなたの言っていることがわからないのですが、シドニー」

「ミッションと戦略は、常に対になっているものだ。どちらが欠けてもだめなんだ。戦略を作成する前に、問いかけてみる必要がある。われわれはなぜ存在しているのか？　中核的な目的は何か？　羅針盤が示す正しい北とは、どっちの方向なのか？　その質問が終わって初めて、戦略、つまり大まかな優先事項を策定することができ、それによってミッションが導かれることになる。目的が戦略の中心をなすもので、いわば戦略という車輪のハブだ(注1)。それが企業の全員に方向性を与え、リーダーが最終的に行う意思決定の妥当性を説明できるようにする。俺がモーリスを例にとったのは、残念なことだが、彼の中核的な目的が明確だからだ。何が何でも勝利を得るってね。それによって彼は、特定の優先事項やアクション、言い換えれば彼なりの戦略を用いた。いかさまと手抜きの戦略だがね。その結果どうなったかは、知っての通りだ」

要点よりも効果的に伝えるには、もっとポジティブなメッセージが必要だと感じ、シドニーは続けた。

「これは劇的で、確かにネガティブな例ではあるが、大多数の人や組織は永久に中核となる目的を用いる。ジョン・ブラウンを見てみろ。彼はかつて、ブリティッシュ・ペトロリアムのＣＥＯだった。彼によれば、自分達がどういう存在であるかというのが目的だそうだ。つまり、自分達は目的を達成するために存在しているということ、そして達成するためには、何を進んで行うべきか、またすべきではないかということを言っているんだ」

それからシドニーは、ひときわ威厳のある態度で言った。

「君の会社の真の崇高な目的を見つけ出すんだ、ニューマン。そうすれば、戦略はあとからついてくる」

紛れもなく劇的な効果をねらって、シドニーは少し間を置き、眉毛を上げて振り向き様にこう言った。

「キトリッジ社にはミッション・ステートメントがあるんだろうな、ニューマン」

ローリーは、まるで「もちろんあるさ。なんて馬鹿げた質問をするんだ」とでも言いたそうに、にやにや笑いながらうなずいた。しかし、彼はミッション・ステートメントを直ちに思い起こさなければならないことに、しっかりと気づいていた。シドニーから詳細を話すように求められるまでにおそらくあと数秒、時間の問題だ。うちのミッション・ステートメントって、何だ？　家の鍵をなくした時のように、確か見かけたはずなのに、いったいどこにいったんだ？　どうして簡単に見失ってしまうのだろう？　確かミッションは、受付のポスターに書かれていたはずだ。奇妙なマウスパッドとか、台所のコーヒーマグにだってありそうなものだ。その時、一瞬の洞察のひらめきで、いくつか言葉やフレーズが浮かんだ。株主資本の増大、マーケット・シェア…それに生産性…。

「それで？」

思った通り、シドニーが聞いてきた。

ローリーは長年にわたって、自発的にスピーチやプレゼンテーションに関わってきたので、演台に立つのはしっくりいくのだが、これをごまかすことにおいてはその効果がまったくない。彼は会社のミッション・ステートメントをまったく思い出せなかった。

「ミッション・ステートメントが焦点を当てているのは、株主資本にマーケット・シェア、それと生産性」

と彼は言葉を詰まらせながら言った。

「へぇ、そいつはすばらしいひらめきだな、ニューマン。鳥肌をこするのに少し時間がいりそうだ」

「なぜそれじゃいけないんですか？」

ローリーは本能的に鋭く言い返したものの、自分自身それほどむきになったことにやや驚いた。

「少し前にパロ・アルトを過ぎたが、あそこは何が有名なんだ？」

ローリーは緊張していた。シドニーからまた別の歴史のレッスンを受けることになるのかと考えただけで、まったく熱心になれなかった。しかし、究極的には彼に合わせることが一番よいと判断した。その上、彼にとってこれは切札だった。大学時代のルームメイトにパロ・アルト出身の男がいて、彼はこの町のいわゆる生き字引だった。そして彼は、そばにいる人なら誰にでもこの町に関する情報を伝えることを、この上ない喜びとしていた。ローリーは出し抜けに話し出した。

「ジョーン・バエズ（訳注：フォーク歌手）にジェリー・ガルシア（訳注：フォーク歌手）、それにもちろん、ヒューレット・パッカードですね」

「すばらしいじゃないか、ニューマン。まるで音楽関係の学生だな」

ローリーが肯定してうなずくと、シドニーは続けた。

「じゃ、ヒューレット・パッカードに焦点を当ててみよう。さかのぼること1939年、同社はパロ・アルトの小さな車庫から始まった。確かアディソン・アベニューだったかな」

彼は市街の地理を一生懸命考えているかのように話を中断したが、また話し始めた。

「まあ、どの通りでもいい。要は、その車庫で最初の製品を作り出したんだが、他にも作り出したものがある。それは中核となる目的だ。何年後かに、デイブ・パッカードがスピーチの中でそのコンセプトを手短に述べている。彼はこう言ったんだ。『人々が集まり1グループとなって、組織として存在するようになる。それをわれわれは企業と呼ぶ。個々には達成できないことをも集団ならやり遂げられる。企業は社会に貢献する、価値ある貢献を』(注2)。社会貢献だよ、ニューマン。君の言ったミッションは、貢献を反映しているか?」

シドニーがくるっと向きを変え、大げさなジェスチャーをしたため、彼の肘がグローブ・ボックスにぶつかって、それが開いてしまい、ペンが2、3本とポストイットが床に投げ出された。彼はそのポストイットを拾い上げ、先住民の遺物を研究している人類学者のように、それを吟味した後、ローリーの顔の前に貼り付けたのである。その瞬間から前が見えなくなってしまった。

「はは、ポストイットだ!」

とシドニーは興奮して叫んだ。

「わかるか、ニューマン?」

「こいつ、どうしちゃったんだ?」とローリーは驚いた。

「ドイツの将軍の言葉を引用しているが、彼はある種、型破りなビジネスの権威者であり、戦略の専門家だぞ。ポストイットでそんなに興奮するのか?」

ローリーはシドニーをしばらく見つめながら彼という人物を見定めた後に、前方に注意を戻し、おそるおそる言った。

「シドニー、わからないんですが」

道で声をかけてくる変人に話しかけるような言い方だった。

シドニーは、人を見下したようなローリーの声を気に留める様子もまったくなく、ポストイットを空中でくるくる回し、ページがパラパラとめくれるのを楽しんでいた。とりわけ1回勢いよく放ると、ポストイットの束が車内を跳び、リヤウインドーの棚の中央にピシャッと音を立てて落ちていった。ローリーはバックミラーでそれをしっかり捕え、気が散りそうになった。また彼の完璧な車内環境に汚点がついた。最初はあかで汚れた指紋をつけられ、今度はこれだ。ローリーがさらにこうした攻撃についてぐずぐず考えようとしていると、ポストイットがどこへ行ったかなどお構いなしに、シドニーが話を続けた。

「ポストイットは3Mの製品だ。あそこのミッション・ステートメントを知っているか?」

ローリーが返事をする前に、と言ってもローリーからの答えはもともと望めなかったが、シドニーは引き続き話し始めた。

「**未解決の問題を革新的に解決すること**。このミッションを俺が好きなわけがわかるか、ニューマン？」

明らかにこれは、修辞的効果をねらった質問である。それが証拠に、再びシドニーは話を進めた。

「理由は3つ。まず1つ目は、そのミッションが変革を促す。われわれは常に解決を要する問題を抱えることになるだろう。このミッションによって間違いなく3Mは、現時点では試験管の中にちらりともまだ見えていない多くの領域に入っていくだろう。2つ目は、これは長期的に使えるものとして作成されており、100年以上持ちこたえるだろう。そして3つ目は、わかりやすく、伝えやすいということだ」

ここで大きく一呼吸した。

「付加価値とか処理能力、シナジー、パラダイムシフト、マインドシェア、コア・コンピタンス、最先端などといったことについてはまったく触れられていない」

ローリーは、「サタデー・ナイト・クラブ」の尊敬すべきアナウンサー、ドン・パルドをそっくり真似して、甲高い声で言った。

「さあ、今はやりの専門用語を見つけ出すビンゴの時間だよ！」

「そうだな」とシドニーはくすくす笑った。

「必要なのは、先を見越した行動をとる、新しい考え方をする、結果を導く、この3点セットを得ることだ！」

ドライブをしていると、よくどうでもいい話に夢中になるもので、ローリーとシドニーも突然笑いのつぼにはまってしまった。ドン・パルドに言及したことで、「サタデー・ナイト・クラブ」の思い出や議論がどっと沸き起こった。ウィークエンド・アップデートでは誰がよかったか、シェビー・チェイス、ノーム・マクドナルド、それともティナ・フェイか？　一番よかったキャストが出演していたのは、どの時期か？　シドニーはビル・マリー、ギルダ・ラッドナー、そして彼のお気に入りのジョン・ベルーシをはじめとする70年代後半の一団について、飽くことなしに論じていたし、もう一方のローリーは、フィル・ハートマンやケビン・ニーロンの時代の話にはまっていた。出演回数のもっとも多かった音楽家のゲストは誰か？　ローリーは断固として、ジェイムズ・テーラーだと思ったが、確信を持って言うことはできなかった(注3)。2人は陽気に笑い、最後はまるで1000回くらいリハーサルでもしたかのように、声の高さも完璧に合わせて暗唱した。

「われわれ2人はどうしようもなくおかしなやつさ！」

バックミラーに映る景色が遠のいていくように、さっきまでの笑いがおさまると、ローリーの胃に不快な痛みが走った。まだ用事が終わっていない。

「それで、われわれはどうしたら3Mのような、つまりデイブ・パッカードを満足させられるようなミッション・ステートメントを作ることができるんですかね?」

とローリーが尋ねた。

「選択肢はたくさんあるが、俺が気に入っているのは、『5回のなぜ』(注4)と呼んでいるものだ」

とシドニーが答えた。

「5回のなぜ?」

「ああ、まずわれわれは~を作るとか、~をするといったような基本的なステートメントから作成し始める。その後、なぜそれが重要なのか、5回自問自答してみるんだ。それを何回か繰り返していくうちに、本当のミッションが浮かび上がってくるのがわかるようになるよ」

ローリーは、内側の車線を大きな音を立てながらゆっくり走るゴミ収集車の後ろに車をつけ、その演習についてじっくり考えた。ゴミ収集車の派手な色がローリーとシドニーの注意を引いた。携わっている業種から考えると、やけにきれいだ。速度を上げて追い越す時、2人にはその収集車のクロムめっきされたホイールキャップが光って反射するのが見えた。

「あの会社のミッションは何だと思う?」

とシドニーが尋ねた。

ローリーは肩をすくめた。

「ゴミを収集する」

というわかりきった答えしか思いつかず、途方に暮れた。

「5回のなぜにトライしてみろよ」

とシドニーが助け舟を出した。

「あの会社のCEOになったつもりで」

「わかりました」とローリーはそれにしぶしぶ従った。

「ゴミを収集する」

「なぜそれが重要なんだ?」

シドニーがすかさず質問してきた。

「街をきれいにしておくため」

「なぜそれが重要なんだ?」

「環境保護に役立つから」

「なぜそれが重要なんだ?」

「持続可能性、経済成長…」

ローリーは少し言葉に詰まっていたが、訓練ははっきりとした形になりつつあった。彼は話すのをやめて、「なぜ」ということを心の中で集約した後、こう言い出した。

「こんなのはどうでしょう? ゴミの管理問題を創造的に解決することで、環境保護の強化に貢献する」

彼はシドニーの方を見た。

「なかなかいいな。それなら環境問題が判明した場合、変革を促すことができ、長期的なものとして描かれているし、専門用語もなくわかりやすい。そして、もっとも重要なのは、それを戦略策定や実行、それに向けた努力の土台として使えるってことだ。よくできたな、グラスホッパー」

ローリーは、そのカンフー映画からの引用に物知り顔でほほえんだ。しかし、すぐに彼の頭の中は他のことでいっぱいになった。キトリッジ社のミッション・ステートメントに関する可能性が広がり、彼は頭の中で大草原を自由に駆け巡っているかのようだった。シドニーの洞察は明らかにインスピレーションの宝庫だ。「5回のなぜ」を使えば、確かに真の目的が明示され、劇的に改善された新しいミッションができ上がるだろう。

この簡単な演習を知ることができるというすばらしい機会を得て、ローリーの心は高鳴り、いつものようにアクセルを踏む足に力がどんどん加わっていく。たちまちメルセデスは時速130km を超えるスピードが出ていた。すると突如、バックミラーに赤と青の回転灯が映り、けたたましいサイレンの音が遠くから急速に近づいてくるのが聞こえた。

（注）

1. Cynthia A. Montgomery, "Putting Leadership Back Into Strategy," *Harvard Business Review*, January 2008, pp.54-60.

2. James C. Collins and Jerry I. Porras, "Building Your Company's Vision," *Harvard Business Review*, September-October 1996, pp.65-77.

3. 最多出演の音楽家のことに言及されているが、ウィキペディアによれば、その答えはポール・サイモンが9回であり、ジェームズ・テイラーが6回だということである。

4. 5回のなぜについては、James C. Collins and Jerry I. Porras, "Building Your Company's Vision," *Harvard Business Review*, September-October 1996, pp.65-77. を参照されたい。

第10章　速やかに考える

「お見事、アンドレッティ（訳注：カーレーサー）さん」
と、シドニーがつぶやいた。いささかあわてながらローリーは、メルセデスを路肩に寄せた。心臓が激しく鼓動している。法を守る一般市民と同様、警官を恐れるようなことは何もしていなくても、ぎらぎら光る回転灯を繰り返し鳴らされるサイレンには、強く反応してしまうのが常である。

威嚇するかのようにカリフォルニア・ハイウェイ・パトロールの車が轟音を立てながらやってきて、彼の車の後ろで止まった。ローリーが最初に気づいたものは、危険な犯罪者を道路外へ追いやるための破壊槌として用いられる、車の前部に取り付けられた大きなブルバーだった。その太いブルバーにいくつもついている深くこすれた傷跡が、明らかに過去に何回も追跡が行われたことを物語っている。次に彼の注意を引いたのは、回転灯だった。赤と青で派手なコントラストを生み、バックミラーでまともに受けた光は、目がくらむ程まぶしかった。そのまぶしい光に呆然としていると、パトカーのドアが開き、警官がシートベルトをはずして路肩へと現れた。そして今度、彼に迫ってきたのは音である。鍵の束、警棒、凶器のピストルを入れている大きなホルスター、これらがすべて警官の幅広な革のベルトにあちこち付けられており、それらが揺れてそれぞれの音が重なり、奇妙なハーモニーを醸し出している。警官はシンプルな黒いジッパー付きのフォルダーを手にしていた。

ぞんざいに窓をコツコツと叩く音が聞こえても、視覚、聴覚共に攻撃を受けたローリーは、まだ気持ちの整理がついていなかった。彼はパワーウインドーのスイッチを手探りで探したが、ついドアロックに触れてしまった。そしてやっとその後、窓を下げて警官の冷たい視線を浴びることになった。

「なんでそんなに急いでいるんだ?」

「いや、急いではいませんよ」

「制限速度110kmのところを130km以上出していたでしょ?」

「そんなに出てました?」

警官はうなずいた。

「違反キップを切らなきゃいけないので、免許証と保険証、あと登録証を出して」

ローリーは右腕をグローブ・ボックスの方へさっと伸ばした。その際、シドニーの肘をこつんと叩いて、膝が当たっていると思われる部分から離れるよう合図した。ローリーはきちょうめんなため、登録証も保険証もボックスの左側にある小さな書類入れから簡単に出せるはずだった。しかし、さっきふとしたことからグローブ・ボックスが開いてしまい、シドニーがそこから落ちたポストイットを空中に放り上げて遊んでいたが、そうしたことから書類入れがローリーの手の届きにくい所へ移動していたのである。スピード違反で止められるという、こんな問題が生じた混乱状態にあっても、きちょうめんなローリーは不満そうな目つきでシドニーの方を見た。

彼は警官に書類を渡し、警官はそれを持ってパトカーに戻って行った。途方もなく長い時間がかかるように思われた。ローリーはずっとバックミラーを見つめ、警官の行動を監視した。主に車に搭載されているコンピュータのキーを叩いているようだった。やっと警官がローリーの所に戻ってきて、フォルダーを開けた。ジッパーがゆっくり開けられると、分厚いいろいろな書類が出てきた。それを覗き込んだシドニーが、端に何か特別な印があるのを見つけた。ほんの1秒かそこらであったが、彼は海を模した青と白の波の端に、「ｅｓ」を筆記体でデザイン化した文字が描かれていると確信した。

「私達はこれからサン・ディエゴに行くところなんですよ」

と彼は行き先を明かした。

ローリーは思わずこの同乗者の方を振り向いた。そんな無駄話が警官とのやりとりに価値があるのかどうか、明らかに疑問である。しかし、シドニーは続けた。

「パドレスの試合に間に合うといいんですけどね。ドジャースとの3連戦ですよ」

警官が違反カードを書くのを中断し、姿勢を低くして車の中を覗き込むように顔を近づけてきたため、ローリーはより深く座り直した。

「パドレスファンなんですか？」

と警官が尋ねた。

「うちの犬は、パドレスの守護神にあやかってトレバーっていうんですよ」

とシドニーが答えた。

「好きな歌は?」

と警官は攻勢をかけてきた。

「Always up for a little Hell's Bells!」

とシドニーは切り返した。

このやりとりをどう解釈すればよいのか、ローリーにはわからなかった。彼には、(禁酒法施行当時の)もぐりの酒場へ出入りするための合い言葉や秘密の握手をいかがわしい人物と交わすといった、何か古い白黒映画を見ているようなものだった。

警官は目を見張り、静かに敬愛の念を示した。そして「ナイスセーブ!」と言った。彼はフォルダーに視線を落とし、そこから、シドニーが隅の部分を盗み見していた紙を取り出した。それは、サン・ディエゴ・パドレスの年間スケジュールだった。警官はにやりと笑って、違反切符を束からはぎ取り、びりびりに破った。彼はシドニーにほほえみかけてからローリーの方を向き、もう少しでくっつきそうなくらい顔を近づけて言った。

「制限速度は守って下さいよ、いいですね」

彼は背を向け、去って行った。ローリーはまだ少し頬を赤らめたままシドニーの方を向いて、言うまでもなく質問した。

「これはいったいどういうことですか?」

「あの警官がフォルダーを開けた時、サン・ディエゴ・パドレスのロゴの端が見えたように思えたから、彼はファンだと踏んだのさ」

「でも、AC／DCがそれとどんな関係があるんですか？」

「ストッパーのトレバー・ホフマンが登板する時に、いつも球場に流れる『Hell's Bells』という曲をAC／DCが演奏しているんだ。本当のファンなら誰でも知っているよ」

ローリーが書類入れをグローブ・ボックスのいつもの場所に戻していると、シドニーは自分達の前に広がるこれからの道を見据えながら、こう言った。

「ニューマン、いつも言っていることなんだが、どんな状況にあっても、そこから脱する方法は考えれば見つかるものだよ」

第11章　正しい方向へと邁進する

「どんな状況にあっても、そこから脱する方法は考えれば見つかる」

このフレーズを聞いたのは今度で2度目だが、ローリーはそれについてじっくり考えてみた。シドニーと出会ってから考えたこと、期限に遅れることなくジムに報告書を持っていくとなれば、何をこれからすべきかということなど思い巡らしていると、まさにその時、舞台主任がキューを出したかのように、携帯電話が鳴った。ジム・トービンからだった。

「ローリー、ジムです。今どこですか?」

ローリーは窓の外を見たが、ここまで160km程、大した変化もなかったことを考えれば、景色を観察してもあまり役に立たなかった。自分達がどこにいるのかよくわからず、彼はシドニーに小声で尋ねた。

「今、どの辺でしょうね?」

シドニーは躊躇なく平然と「ブラッドリー」と答えた。

「ちょうどブラッドリーを過ぎたあたりです」と、ローリーは携帯電話のブザー音が聞こえる中で言った。バッテリーがもうすぐ切れそうなのである。

キーボードをカチカチと叩く音が、電話を通じて伝わってくる。ジムがコンピュータを使っているようだ。

「ええと、ブ・ラッ・ド・リーと…うん、申し分ない。パソ・ローブルスの近くにいるんですね」

それからジムは、この会話にふさわしい言葉を選んでいるかのように間を置いた後、尋ねた。

「乗りますか?」

「乗る?　何に?」

「馬ですよ。乗馬はできますか?」

ローリーは当惑したが、シドニーも同様な様子で、眉をしかめほとんどVの字を逆さまにしたような形になっていた。

「しばらくやっていませんが、まあ、できると思いますよ」

しばらくと言ってもかなりいい加減で、実際には、8歳ぐらいの時に子供動物園で何周か乗っただけで、それ以来馬に乗ったことはなかったのである。

「それはいい。新たに顧客をつかめそうなんですが、アイク・レドモンドという人物はもう乗馬に夢中で、明朝パソ・ローブルスの牧場で会いたいと言っているんです。彼の所に出入りできれば、われわれにとって大きなチャンスですよ、ローリー。通常ならば私が出向いて行くところなんですが、ちょうどあなたがそこにいるし、わが社のこともわかっている、というより誰よりもわかっていると思っていますので、あなたが適任です」

その後もジムは、詳細を述べたり、これは大きな取引で絶好の機会であり、ローリーにとってもよいチャンスであるといったことをつらつらと並べ立てたが、ローリーは気乗りがしなかった。可能性のある大きな目的物を手に入れることは全面的に賛成だが、なぜその取引を馬に乗って行わなければいけないのか。ジムとの会話が終わり、ローリーはシドニーの方を向いて言った。

「パソ・ローブルスで1泊することになりそうです」

シドニーの口からとうとう言葉が発せられるか発せられないかのうちに、もうローリーはパソ・ローブルスと聞いてまたシドニーが何か含蓄のあるフレーズを口にするのではないかと思い、うんざりし始めていた。

「パソ・ローブルス（El Paso de Robles）は英語でPass of the Oaks（樫の小道）と言って、素晴らしいワインの本場で、温泉がある保養地でもあるんだ」

ジムからの電話が、既に切迫感が高まっていたローリーに一段と圧力をかけていた。そして、もう1度ローリーは、シドニーから受けたレッスンを思い起こしてみることにした。まず、戦略の定義の整合化を図る。プロセスを機能させようとするならば、全員、目指すものが同じでなければならない。ほとんどの組織はよい意図をてんこもりにしたヒーローサンドイッチを作り上げてしまうか、あるいは、分析の麻痺を引き起こすだけのグラフや図表、小さなフォントをつけた100ページから成る書類を作ってしまうかである。このようなやり方を修正するためには、まず中心から始めて、仕事に関する仮定にあえて疑問を抱くことから始める。そして、それをどうするか？　ニューヨークのブラットンが、電気で動く下水道に乗ったあの例のように、その仮定を検証してみる。それによって気づくことがある。次に、実際に戦略を策定する前に情報を集め、現状がどうなのか、またどのような状況を目指すのかを解明するような創造的な問いかけを行う。

そして、ミッションを作り出す、あるいは確認する。それがコンパスの役割を果たすことになる。シドニーがローリーの方をちらりと見ると、ほとんど呆然自失状態に見えたが、彼の唇が動いていることは確かだった。あらためてじっくりと見つめてみたが、明らかにローリーはぼうっとしたままで、その状態は変わりそうもなかった。ついに、ローリーが自ら閉じこもった沈黙の世界から抜け出して、口を開いた。

「さて、ミスターワイズ、われわれは戦略を定義し、仮定を検証することによってプロセスを修正する、そして創造的な問いかけを行いながら情報を集め、ミッションを作り出すか確認をする。次は何でしたっけ？　そう、いよいよ戦略を策定するんですよね？」

ローリーの質問は核心をついていたが、わずかながらも一緒に過ごした経験から考えてみて、シドニーから単純な答えは返ってこないだろう。何か奇妙な比喩か啓発的なストーリーを用いてくるはずだ。ローリーは謎めいた次の階段に備えて気を引き締めた。

「その通りだ。４つの基本的な戦略策定の質問に焦点を当てることで、戦略策定を開始するんだ」

ローリーはこの単純な返答に面食らいそうになった。それほど自覚があったわけではないが、身構えた自分がシドニーに気づかれたとわかって、すかさず口を開いた。

「わかりました、素晴らしい。それで…」

と、彼がまだ話している最中に、シドニーが突然話の腰を折った。

「なあ、あれはサンノゼで見た2人か?」

確かに、国道101号線の路肩にまた放置されているのは、数時間前にサンノゼで追い越したクラシックなフォルクスワーゲンだった。若い男は明らかに困った様子でバンのまわりを回っているが、浮浪児のような連れは後部座席に座って、驚く程に平静な様子で高度なヨガのポーズをとっていた。

「車を止めろ!」

とシドニーが叫んだ。

その大音量の命令に本能的に反応して、ローリーは急ブレーキを踏み、ハンドルをきって路肩に車を寄せた。そして、バンまでほんのあと1m足らずという所まで車をバックさせた。するとシドニーは、即座に車から飛び出していった。

若い男は、巨大な男が赤い巻き毛を揺らしながら大股で自分の方へ突進してくるのを見て、反射的に後ずさりした。しかし、「どうしたんだ?」という誠実そうなシドニーの問いかけを耳にして、彼はおんぼろのバンのフロントドア付近で巨大なシドニーと顔を合わせ、力強く握手を交わした。

「よくわからないんです。エンジンがあえぐような音を立て始めて、そのうち完全に止まってしまったんですよ。交通量が少なかったおかげで、ここまでなんとか移動させてきたんですが」

と、彼は落ち着いて答えた。この時点でローリーもそばにいたが、2人はさっと当惑したような視線を交わした。さっき交通量が少なかったと言ってたよな。彼はハリウッドのマリファナ狂いの若者が出てくる映画のエキストラのようにも見えたが、話し方はアイビー・リーグの学生のようだった。

シドニーは蒸気が出ているエンジンのそばから離れずにいた。何かできるのではないかといったその可能性に心ひかれたが、長い時間をかけて指がオイルやグリースでべとべとになっただけだった。彼がうーんとうなったり、はあと言ったりしているため、あとの2人は注意を引きつけられたが、結局シドニーはこう言うしかなかった。

「まあ、パソからはそう遠くない。そこまで行けば、修理工場があるだろう」

「でも、どうやってそこへ行けと?」

若者はまじめな様子で尋ねた。

全員が考え込んでしまい、路肩をじっと見ていた。若者はまた車のまわりをうろうろすることに専念し始めた。どうやらそれが、彼にとって解決策を推測するのに好ましい方法らしい。残念ながら、バンのまわりを3周も回られると、他の人達はいら立たずにはいられなかった。そのうち、まさに銀の皿で運ばれてくるかのように、いやもっと的確に言えば銀幕上に映し出されるかのように、苦もなく解決策がローリーの頭に浮かんだ。

「『リトル・ミス・サンシャイン』だ！」

興奮気味にこう発するローリーに、皆ぽかんとただ見つめるだけだった。そこでローリーは、説明をつけ加えることにした。

「誰か『リトル・ミス・サンシャイン』っていう映画を観たことはないかな?」

「それってアメリカ映画?」と、白い木綿のよれよれの服を着た女が尋ねた。それが彼女が発した最初の言葉だった。ローリーが答える前に、彼女は続けた。

「もしそうなら、観たことがないと思う。私達は外国の、しかも巨匠の映画作品しか観ないの。フェデリコ・フェリーニ、イングマール・ベルイマン、クシシュトフ・キシロフスキといった監督の…。『十戒』については、どうとった?」

これに関してこの女性はまったく見込みがないと思われたため、ローリーはシドニーと若者に向かって話した。

「『リトル・ミス・サンシャイン』という映画の中で、似たようなバンが出てきて、それがまた同じように故障するシーンがあったんですよ。それで、そのバンを押して、時速30㎞ぐらいになったところでクラッチをつなぐと、エンジンがかかり、みんなが走ってバンに飛び乗るんです」

「それは名案だ!」と叫ぶ若者に、またローリーとシドニーは驚かされた。ローリーは自分の車の所へ走って行き、後続車が来ないのを確認するとバンの後ろへと車をバックさせ、バンのために進路を空けた。

よれよれの服を着たその女の力ではバンを押せそうになかったため、彼女には運転席に座ってハンドルを握り、スピードが時速30㎞になるまでそのままでいるようにしてもらうことに早々と決まった。他の3人は車の後方へ回り、「1、2の3、それっ！」というシドニーの掛け声で、力一杯車を押し始めた。すると瞬く間に、車は動き出し、最初はゆっくりだったが、一押しするたびに勢いが増してきた。

絶えず運転し続けているはずみ車のように、バンは勢いを増し、その後まもなく緩やかに路肩を自走し始めた。シドニーに促されて若者は急いで前方へ行き、女は助手席にさっと移動した。クラッチをつなぐと、バンはシュー、パチパチという奇妙な音を立てた後、息を吹き返し、そのまま101号線を走り始めた。後ろから来ていた家具の配送トラックがバンをかわす場面もあったが、それを除けば、順調なスタートだった。バンの両方の窓から激しい程に手を振る2人が、一生懸命さよならを告げていた。

誇らしげに両親が巣立っていく子供を見送るかのように、ローリーとシドニーは黙って、バンが次第に視界から消えていくのを見ていた。「いい連中だったな」とシドニーがため息まじりに言った。それに対しローリーは、「ええ」とだけ答えた。2人は少しの間、バンが見えなくなった跡を目で追い、それから車に戻った。ローリーは急いで、本来ある場所ではないリアウインドーの台に載っているポストイットの束を集めた。程無くして、彼らはパソ・ローブルスのはずれを走っていた。

パソ・ローブルスがワインカントリーであることは、どこを見ても一目瞭然であった。ワインとそのテイスティングを宣伝している色鮮やかな看板、それより小さいが威厳があると言えそうな瓶詰専門業者の看板、そしてもちろん101号線の両側には広いブドウ畑が見えてくる。甘美なブドウの木が幾列も微動だにせず立ち並び、暖かな中央カリフォルニアの日差しを浴びて刻々と成長しているように思われる。「今夜はカベルネがいいかな」とローリーは明言し、レストランのいすに腰かけて、縁が厚めのグラスに鼻を近づけ、グラスの中で揺れるまろやかな最高品質のワインから立ち上る香りを楽しんでいる自分の姿を想像した。

ローリーは自分を現実に引き戻そうと首を激しく振った。それによって、困っていた2人を助けるといった行為で中断していた話を急に思い出した。彼は、シドニーが機械のように正確に、戦略計画の策定プロセスに関する次のステップをわかりやすく説明してくれるのではないかと心が浮き立っていた。しかし結局シドニーは、ローリーの最後の質問に対し、はっきりとこう返事を返した。

「ああ、プロセスの次のステップは、4つの基本的な戦略策定の質問に焦点を当てることで、戦略策定を開始するんだ」

それは、もう前に聞いていたことなので、ローリーはそのことを彼に思い出させることにした。

「そうですがシドニー、そのステップについてはもうお聞きしましたが…」

「君はもうさっき答えを得ただろ」とシドニーは、ローリーが話し終えないうちに、再び口をはさんだ。これでは早く年取ってしまうのではないかと、ローリーは思った。この厄介な癖はさである。

ておき、彼は今もっと大きな問題に直面していた。シドニーがまた謎めいたことを言っているのである。

ローリーは、粘り強さこそが自分の最大の持ち味だと考えた。

「質問に答えること、それが次のステップですよね？」

「さっき答えがわかっただろ。忘れたのか、よく観察して考えることだよ、ニューマン」

彼は間を取ってから繰り返した。

「さっき君は答えを得たんだ」

ローリーは素直にうなずき、質問をしたあの瞬間からバンが消えていった時までの間のひとつひとつのシーンを、頭の中で思い浮かべてみた。やはりこのミニドラマのハイライトは、みんなが一体となってバンを押し、再びスタートさせたことだろう。それこそがこの謎を解く鍵であると、ローリーは確信した。

「バンをまた走行させたことですね、そうでしょ？」

彼はさっとシドニーの方を見た。

「近い」

と、そっけない返事だった。

「じゃ、バンを押したこと」

「より近くなったな」

必死に型にとらわれない連想をしようと、ローリーの頭の中ではさまざまな言葉が回転木馬のようにぐるぐると回り始めたが、どこでそれは止まるのだろうか。そして、とうとう彼は、つかえていたものがとれたかのように叫んだ。

「勢いだ！」

「当たり！」

シドニーは勢いよく腕を上げたため、手の甲をサンルーフに思いきりぶつけてゴツンと音がした。文字通り痛みを振り払おうと木槌のような手を振ったため、フロントシートのあたりに涼しい風が巻き起こった。シドニーは続けた。

「プロセスの次のステップとなる勢いとは何だ？」

「ええと、勢いとはやる気、推進力、活力。だから、思うに…」

ローリーは返事に迷った。恐ろしいことに、考えに集中し始めると再びスピードが上がり、車は時速１２０㎞を超す勢いでアスファルトの道を滑るように走っていた。しかし、またカリフォルニア・ハイウェイ・パトロールに捕まっている暇はないので、彼はアクセルを踏む力を緩め、再びあれこれ考え始めた。

「だから、ある種前進する動きを生み出すのではないかと…」

その言葉に含まれる意味を考えているうちに、言葉が尻すぼみになっていった。

「その通りだ」と、シドニーが明言した。

「考えてみろ。どの組織もある方向に進むんだが、勢いを持っている。つまり前へ動くんだ。プロセスのこの時点で、何がビジネスを前進させるのか、判断する必要がある。というのは、それがわかれば、意思決定が驚く程しやすくなる。何をすべきか、何をしない方がよいのか、資源をどこに注げばよいか、またどこに注いではいけないのかといった意思決定をするのが、ずっと簡単になるんだ(注1)」

「なるほど、わかります。でも、どうすれば推進力となるものが何なのか、わかるようになります?」

と、ローリーが尋ねた。

「それは一般的に6つの要素のうちの1つなんだ。準備はいいかい、ニューマン? 頭の中の古いテープレコーダーの赤い録音ボタンを押したか?」

「はい、準備OKです」

「今言ったように、6つの要素のうちの1つだ。前へ押し進める戦略の焦点には6つの領域がある。まず1つ目が製品とサービスだ。製品とサービスに焦点を当てる場合には、何よりもまず、製品・サービスの改善にもっぱら努めることだ。販売先は多種多様な市場あるいは顧客であったとしても、常に製品は基本的に同じものだ。将来、変更したり拡張したりすることもあるかもしれないが、それでも提供する製品間にはもととなる製品と常につながりがあるだろう。ボーイング社を見てみろ。究極的に航空機の会社、それだけだ。そのノウハウと技術があれば、おそらく電車でも船でも造ることができるだろうが、それはしない。ボーイング社はあくまでも航空機に焦点を当てている」

「次の焦点の潜在的な領域は、顧客と市場だ。もしこれを選ぶとすれば、異なる製品を販売できるが、限定された一連の顧客あるいは市場のニーズにいつも照準を定めることになる。そうすると、たとえば潜在的な顧客全員に向けた何かを作ろうとする製品集中型企業より大きな価値を提供できる。2つ例を挙げてみよう。健全性の領域という点では両極端だが、まず1つは『プレイボーイ』だ。あの広告文を見たことがあるかい、ニューマン？」

お互いもう何回となく耳にしたことがある1行を繰り返しながら、ローリーとシドニーはまったく同時に言った。

「記事だけは読んだことがある」

「そう、記事だけな。とにかく『プレイボーイ』のモットーは、『男のための娯楽』だ。男だけ。それを顧客グループの焦点としている。だから、それによって会社は多くの異なる製品・サービスの領域へと手を広げていける。雑誌にテレビチャンネル、クラブにホテル、でも、どれもすべて男のための娯楽だ。健全性の領域でその反対にいるのが、ジョンソン・アンド・ジョンソンだ。この会社は、医師、看護師、患者、そして母親のための製品を作っている。バンドエイドとタルカム・パウダー（訳注：香料入りパウダー）は、両方共母親にとって必要という以外に、あまり共通点がないだろ」

ローリーは熱心にシドニーの言葉に聞き入っていたものの、それをすべて覚え込もうとする作業にいくぶん没頭していた。２つの例はとても役に立つものであり、シドニーの話を携帯電話のボイスレコーダーを使って録音することはできないかと考えた。

「いやー、複雑過ぎて。メニューが見つからない。いつもボイスレコーダーは持っているべきですね。覚えておこう、ボイスレコーダーを買うこと」

「俺の言っていることがわかっているのか、ニューマン？」

とシドニーはどなった。

「えっ、ええ、製品とサービス、顧客と市場、それから何ですか？」

「それならいいだろう。次の推進力となり得る焦点は、キャパシティあるいは能力だ。航空会社とかホテルを考えてみると、満席あるいは満室にするといったことだ。飛行機は50人か１５０人の乗客を乗せて飛び立つだろう。会社としては、そのキャパシティを利用したいと考え、いつもフル操業の状態を保つことが成功のポイントになる。能力については、つまり特殊能力に焦点を当てるということだ。俺が子供の頃、町にアトランティック・スプリング・アンド・マシーンという工場があったんだが、親父はそこがお気に入りでね。これは冗談じゃなくてね。親父ったら、古い車のバンパーからバスケットボールのリングまで補強してもらいたい物は全部、その工場へ持っていくんだ。あの工場には、設備やツールに合う限り、数多くのさまざまな物を修理できるという、ある種の能力があった」

ローリーはこの最後の話を聞いて、元気を取り戻した。

「でも、誰に対しても何でもするって、危険な方法ですよね？　たとえば、仮に私がコンサルタント会社に勤めていて、マーケティングの知識を持っているとします。世界中に対象を広げることはできたとしても、何によって自分の特色を示せばいいんですか？」

「その通り」

ローリーをちらっと見たシドニーの視線には、ローリーに対する敬意が表れていた。

「君のそのマーケティング能力を特定の領域、たとえばスイミングプールの会社だったり、葬儀社だったり、セメントメーカーの場合もあるだろうが、そこに重点的に当てた方がいいだろう。焦点を当てること、それが重要なんだ」

ローリーのメルセデスはまたもう1つワイナリーの看板をさっと通り過ぎたが、それは牧歌的で文化的な味わいのある他の看板とは少しばかり調和がとれていないようだった。タキシードを着て、赤ワインの入った聖杯を持っているライオンが描かれている。どうやらそのライオンはもう赤ワインを口にしたようで、それが証拠に立派なひげから赤いしずくが垂れていた。また、派手に白い文字で「ザ・ワインキング」とタイトルが書かれていた。ローリーは異様な広告に気が散ってしまったが、なんとかパソ・ローブルスまであと16㎞と告げる道路標識をちらっと見ることができた。彼は今夜の宿泊先に辿り着く前に、企業を前進させる戦略の残りの焦点をつかんでおきたいと考えていた。

「わかりました。話を続けて下さい」

と、彼はシドニーに頼んだ。

シドニーは非常に喜んでその要求に応じた。聞き手がいることを彼は明らかに楽しんでいる。

「利用できる特定の技術によって前進を図る企業もあるが、時にそうした企業は製品をまったく持たず、特有の技術だけでやっている場合さえある。その技術をもとにして、製品や製品群を開発していくんだ。企業自体が需要を生み出していく。デュポンを考えてみよう。確か1935年、デュポンはナイロンを発見し、そのナイロンの技術をじゅうたんからストッキング、釣り糸に至るまで何にでも応用した」

「わかりました。技術ですね」

と言ったローリーの話しぶりには、切羽詰まった感じがあった。

「急いでいるのか、ニューマン？　今ここで君に話していることは貴重なんだぞ。場面で言えば、上質なワインをじっくり味わうところであって、ゴクゴクと一気に飲み干すところじゃない」

ローリーはただうなずくだけだった。

「しかし、君がどれ程やる気のある生徒かわかったから、続けよう。君はこの指輪が好きかい？」

彼はソーセージのような形をした小指を、ローリーの顔の前に突き出した。

ローリーは、シドニーの腕が膝の位置に戻る時、その指輪を目で追った。かなり大きいものであったが、ローリーはこの状況で、まさしくそれをどう表現すればよいか決められないでいた。思いつくのはせいぜい、キース・リチャーズがはめていそうな派手なイミテーションであるということだけだった。

「ええ、すてきですね」

「彼女からもらったんだ。ちょっと安っぽいことはわかっているんだが、これは2人の愛情の印だから、誇りを持ってはめているんだ」

彼は話をやめて、物思いにふけった。そして、また話し始めた。

「それはともかく、彼女はそれをショッピング・チャネルのQVCで買ったんじゃないかと思う」

「それってどういう関係があるんですか？」

とローリーは強い口調で尋ねた。

「QVCがまた別の焦点の領域を示すものだから、**関係**があるんだよ」

シドニーは、冷たいまなざしでローリーの方をじろりと睨みつけた。

「QVCの特徴は、製品、技術、顧客グループ、能力、そのどれでもない。それらを伴った、販売チャネルなんだ。ジーンズからクリスマスツリーまで何でも買うことができるが、それを特定のチャネルを通して買うということだ。彼女はこれをテレビの通販で買った。もう1つの例として、販売・流通チャネルによって推進を図っている企業が、アムウェイだ。アムウェイは、システムを通じてたくさんの異なる商品を売っている。何を売るかということはどうでもいいことで、重要なのはどうやって売るかという販売方法なんだ」

「これで5つ、6番目は何ですか?」

「原材料だ。石油会社のように、多量の石油で成り立っているような企業がその例となる。鉱業に関する企業なんかも、いい例だな」

「それでは、ちょっと質問させてもらいますが」とローリーは話し始めた。

「わが社は製品を作っているし、顧客も市場も持っていて、技術を用いて、販売・流通チャネルも利用しています。これらから1つだけ選択し、それ以外は無視しろと言うのですか? それって、おかしくないですか?」

「ハムレットだな」

「いい加減にしてくれ。ああ、またか!」

ローリーはハンドルを革の部分に爪が深く食い込む程強く握りしめながら、そう思った。

「自分自身に忠実であれ! ハムレットの中でポローニアスの言った言葉だが、組織もそうあるべきなんだ。忠実でなければならない。君に伝えた6つの領域のうちの1つは、主要な基本となる、確固たるものでなければならず、何が起きてもその領域に忠実であるべきだ。それによって何をすべきか、そして重要なこととして、何をすべきでないかということに関して意思決定ができる。資金、時間、従業員といった貴重な資源をすべてどう使うか決定できる。もちろんまだ君は他の領域から目が離せないだろうが、1つに焦点を絞っていく必要がある」

間を置き、彼は付け加えた。

「わかるか?」

「僕は英語が専門ではないので、ハムレットの引用は少し難しいですが、まあ、おおむね理解できました、焦点を絞るということですよね」

ローリーは以前、パソ・ローブルスに2回程来たことがあった。気の向くまま週末の短い休暇を使ってハンナとこの地を訪れ、そのことが今でも心に深くほのぼのとした想い出として残っている。2回共、同じホテルに泊ったことから、ローリーはまったく無意識のうちに車をヴァイン・ビュー・マナーの方へと向かわせた。おそらくレンタカーだと思われる2台のフォード・トーラスの間に車を止め、2人は車から降りた。陽だまりの中で長時間昼寝をしていた猫が目を覚ました時のように、2人共腕を空に向かって高く伸ばし、リズミカルに揺すぶり、長旅の疲れを振り払った。

「お先にどうぞ。明日朝8時にロビーで会いましょう」

と、シドニーが荷物を集め始めた時に、ローリーが言った。肩をすくめて、シドニーはロビーの方へと向かって行った。その時、ローリーは車に戻り、今日学習、理解したことについてたくさんのメモをとり始めた。忘れられない1日である。

（注）

1. ここでシドニーは、何が企業を前進させるかを決定することの重要性について、ローリーに教授をはじめている。長年にわたり、多くの理論家たちが、明確に表現するための種々の記述や表現を用いて、この問題の重要性を論じてきた。本書では、主に以下の2冊の書物から、この論点について引用している。

・ Robert W. Bradford, J. Peter Duncan, and Brian Tracy, *Simplified Strategic Planning*, Worcester : MA, Chandler House Press, 2000, p.137.

・ Michel Robert, *Strategy Pure & Simple II*, New York, McGraw-Hill, 1998, p.63.

第12章　ヴァイン・ビュー・マナーでの一夜

書き留めたものは、彼の頼りになる黄色のメモ帳（彼はどこへ行くにも必ずこれを持っていく）でびっしり3枚程にもなった。車内にこもって45分が経ち、ローリーは我ながらよくやったという達成感からほっとひと息ついた。そして、メモ帳をそっとかばんに入れ、駐車場を横切ってホテルに向かった。ヴァイン・ビュー・マナーのブドウをモチーフに装飾が施されているロビーへと通じる広い階段を3段上ると、さわやかなそよ風が彼の頬をひんやりさせた。

フロント付近は静かで、50代半ばの髪も薄くなったフロント係がよろよろと歩いていて、天井のファンが穏やかな音を立てながらゆっくり回っているだけだった。ローリーが宿泊の手続きを終えると、「以前にもお泊りいただいておりますよね、ニューマン様？」とフロント係が尋ねた。ローリーはうなずき、ほほえんだ。

「ええ、2回程、家内と」

フロント係はほほえみを返して付け加えた。

「今日もご一緒ですか？」

そんな会話が次々と飛び出す中、シドニーがのしのしと歩いて近づいてきた。大股で歩く姿は、はっきりと目的を持っているようだった。ローリーはシドニーに目を向けてからフロント係の方を向いてあっさり言った。

「いいえ、今回は一緒じゃないんです」

「いつも前置きがある旅行が好きなようだな」

とシドニーは言った。服は車から降りた時のままだったが、彼は首に大きなビーチ・タオルを厚手のスカーフのように巻いていた。

「プールに行くんですか?」

とローリーが尋ねた。

「そう、今度はプールさ」

「水着は?」

「裸でOKさ、ニューマン。それで十分。古くから水遊びとはそうしたもんだ。自然のままがいいのさ」

シドニーが裸でプール付近を歩き回る場面を、ローリーとフロント係は同時に想像して不安に駆られ、はたと顔をしかめた。まるで地図帳にある川のような曲がりくねったしわが寄る程だった。フロント係はフロントデスクの下に山積みされた書類からがさごそと何かを探し始めた。間違いなく、水着の着用なしでプールに入ることを禁じた無味乾燥なホテルのルールが書かれたものを探しているに違いなかった。一方ローリーは、子供や母親達が急いで目を覆いながら悲鳴を上げている場面をぱっと思い浮かべた。

するとシドニーが「わかってるよ!」と叫んだかと思えば、突如笑い出した。

「ああ、よかった」とローリーはつぶやき、キーカードをさっとつかんだ。そのキーカードを入れる小さなペーパーホルダーには、バーでドリンク2杯無料と記されていた。そしてそのペーパーに書かれてあるルームナンバー「305」を確認すると、足早にエレベーターへと向かった。普段ならば彼は階段を使うところだが、今日1日長時間運転したのだから、ちょっとエレベーターに乗るのもいいだろうと考えたのである。エレベーターに乗り込むと「3」のボタンを押し、ドアが閉まるのを待った。閉まらない。彼が「閉」のボタンを押し、5、6秒経ってからドアがゆっくりと閉まった。それからまたゆっくりゆっくりと上昇し始めた。高層階のビルでこんなに遅いエレベーターは、今まであっただろうか。まるで、シャフトに何人か人が集まってエレベーターを持ち上げているかのようである。エレベーターはガタガタと揺れ、きしむような音がしていたが、やっとのことでドスンという音を立てて、3階に到着した。

ローリーはいわゆるベテランの出張戦士ではなかったが、ホテル暮らしの経験は積んできたため、部屋に入ってからの手順は身についていた。まずスーツケースはベッドの上、ブリーフケースはデスクの横に置く。ノートパソコンを取り出して、インターネットの状況をチェックする。ワイヤレスは？　よし、使える。次に、カーテンを開けて景色がどうか見てみる。この部屋はその点で期待を裏切らなかった。真下にプールが見える。その後、靴のひもをほどき、かばんの中の物を取り出す作業へと入る。最初に洗面道具、次にハンガーにかける必要があるもの、そして最後に靴下やTシャツを出す。都会のホテルならば、これだけでは不十分だと考え、この4つの作業に励んだ上に、侵入者がいないかベッドの下を調べるのが、いつものやり方である。ドラマのようだが、彼は「ザ・トゥデイ・ショー」の隠しカメラを用いたホテルの調査でこのやり方を見たことがあり、それがすっかり定着したのである。もし本当に不審に思われる現場なら、侵入者が潜んでいるといけないので、映画「サイコ」の一場面のようにシャワーカーテンを引っ張り開けることもあるだろう。

ローリーは無事に305号室にこもってノートパソコンを開くことができ、メールをチェックし始めた。同僚の多くがナパにいたため、受信箱に届いていたメールは幸い少なかったが、いつものように直ちに対処しなければならないものが何件かあった。彼はもっとも緊急を要すると思われる事項から取り掛かった。彼のアナリストから報告を受けた件で、キトリッジ社の予算管理ソフトウェアに最近不具合が見つかったというものである。その時だった。赤ん坊の甲高い泣き声が廊下中に響き渡った。彼は一瞬黙ったまま、あの泣き叫んでいる赤ん坊が隣の部屋でないことを祈った。しかし、その後すぐ、キーカードが差し込まれるカチッという音が聞こえた。307号室に違いない。突如、彼と大声で泣いている赤ん坊との間には、トスカナの風景画と2枚の壁板以外何もない状態に追い込まれた。

ローリーは直ちに逃げ出すプランを実行に移し始め、水泳用のパンツをはいて、プールはどのような状況になっているかきちんと調べるために窓際まで行った。彼が見下ろすと、すぐにシドニーのふさふさした赤毛の頭に目が行った。すっかりバンダナから解放され、テーブルのそばで髪がぱたぱたと風になびいていた。シドニーがテーブルから離れて出てくるのを待っていた時、さっき彼が裸でプールに入ると言っていたことをローリーは思い出し、再び不安になった。

ちょっと前にロビーでシドニーを見かけたにもかかわらず、「まさかスピード社の水着なんか着ていないよな」とローリーは自分に何度も何度も繰り返し言い聞かせた。

そのうちシドニーが、サメとウインドサーフィン用ボードをあしらったまともな水着を着て、窓の下を軽やかに歩いて行った。ローリーはそれを見て、ほっとため息をついた。ローリーはお決まりの場所となっているベッド脇に置いてあるビーチサンダルをつかむと、プールの方へ向かった。

ローリーは医者から水泳をするよう、ちょうど勧められていた。水泳は長い1日を終えた後に体全体の活性化を促し、精神を安定させるリラクゼーション効果により、部屋に戻って夜くつろげることだろう。部屋に入って彼は、夕食にグリルドサーモンと付け合わせの温野菜、そして地元のカベルネワインを1杯という組み合わせで、ルームサービスを頼んだ。かなり迷ったあげく、気がとがめながらもデザートの楽しみに屈し、キャロット・ケーキも注文した。食事が来るのを待っている間、彼はハンナに電話をかけた。会話がはずみ、ルームサービス係が夕食を持ってくるまでの所要時間として約束した30分があっという間に経つ程だった。自分とシドニーが巻き込まれた強烈な冒険談を彼女に話し、もう1度学び得たことを話すチャンスを得た。きちんと戦略の定義を一致させる、しっかり下調べをする、仮定に疑問を抱くことをいとわない、適切な質問を行う、ミッションを作成したり慎重に吟味する、そして一番最後に聞いた貴重な話をして、何によって前進を図るか判断する。ハンナはその話に注意深く耳を傾け、時折理解を深めるための質問をいくつか差しはさむことさえあった。今度は彼女がその日あったことを話す番となった。あれこれと親戚会関連のことで、やらなければならないことがたくさんあり、膨大な量のソーダを購入したり、空港へ人を迎えにすっ飛んで行ったり、みんなの宿泊先をあれこれ考えたりしたという内容だった。「G7サミットだって、こんなに準備が大変なはずないわ」と彼女が言った。そして、彼女がちょうどいいサイズのプラスチックのコップを調達するのに奔走していると軽く熱弁をふるい始めた時、ドアを2回ノックする音がして、「ルームサービスです」という声が部屋に響き渡った。

1時間後、彼は半分食べかけのロールパン以外空になったトレイを部屋の外の廊下にそっと置いた。実際、この時点ではすべて穏やかな状態にあった。赤ん坊もだいぶ前に泣きやみ、すっかり静かになっていたため、ローリーもその静けさに配慮して行動した。彼は眠る前に習慣としていることを終え、ベッドにさっと入ったが、その時朝食のオーダーを済ませていなかったことに気がついた。部屋に置いてあるカードに記載されているメニューから食べたいものをチェックし、希望の時間を選択して、そのカードを外側のドアノブにかけておくことで事前に注文できるといったこの方法が、ローリーはとても気に入っている。この方がミスが生じにくいと思っているのである。

彼はベッドから出て、ホテルガイドの中にはさまっているカードを見つけ、選択肢を丹念に見た。「アメリカン・ブレックファスト」、「ヘルシーな朝食」、「ベジタリアン向けの朝食」、どれも彼の好みではなかった。そこでカードの下の方にある「スペシャル・リクエスト」の所に記入することにした。この選択にホテルのスタッフが気づくように、彼はその空白になっている四角を太い線で囲い、確実に注文できるよう、自分が選ぶものに番号をつけることにした。これでわかりやすくなると考えたのである。彼は読みやすいように太字で書いた。**1．オレンジジュース、2．コーヒー、3．ハーフカットのグレープフルーツ**（これが非常に気がかりな点だった。というのも、少なくとも半数はグレープフルーツジュースが来てしまうのである。そこで、彼はわざとグレープフルーツを3番目にして、オレンジジュース、コーヒーときて、次にまたグレープフルーツジュースを注文するはずがないことをわかってもらおうとしたのだった）。そして最後に、**4．全麦のトースト**と書いた。次に、午前6：45～7：00の四角の欄にチェックをつけ、さらに目立つようにそれに丸をつけてカードをドアノブにかけた。「これでもういいな」と思い、彼はベッドへ戻り、じきにうとうとしながら安らぎに満ちた深い眠りに入った。

翌朝6時に目を覚ましたローリーは、気分も一新し元気を取り戻していた。まず最初にやるべきことはドアの外側をチェックし、ルームサービスの朝食注文カードが回収されているか確かめることだった。ない。「いい1日になりそうだ」と感じながら、彼はドアノブにかけられてあった新聞（『USA Today』）をさっと取った。それから、普段朝やっている残りのことに取り掛かった。シャワーを浴び、ひげをそり、着替えをしてから新聞に目を通し、メールをチェックする。6時52分、ドアをノックする音が響き、ルームサービスが来たことを告げた。そして、彼は待ってましたとばかりにいすから立ち上がり、返事をした。

「ちゃんと時間通りだ！」

快活そうな若い金髪の女性が彼に明るく挨拶をし、トレイを持って部屋に入ってきた。そして、それをどこに置けばよいかと尋ねた。彼はトレイやそこに載っているものを見ないまま、コーヒーテーブルの上に置くよう指示し、係の女性はそれに従った。この時点で請求書が渡されると思ったのだが、ローリーは彼女の言葉を聞いて驚いた。

「もう1度戻って、残りのトレイをお持ちしますので」

彼女はさらにトレイを2段積み重ねて部屋に戻ってきた。突然、彼はこの事態が飲み込めた。彼が誤解を生じないようにと一生懸命に考えて注文したのにもかかわらず、彼女はオレンジジュースを1杯、コーヒーを2杯、半分に割ったグレープフルーツを3個、そしてトーストを4セットだと勘違いして持ってきたのである。トーストは2枚で1セットで、それぞれ半分に切ってあるため、全部で16枚にもなる。皿にトーストが高く積まれていて、カバーで覆いきれない程だった。ローリーはこの失策に大笑いし、正しく伝わらなかったことに対して自分で責任をとることにした。しかし、内心不可解だった。

「それにしても彼女は、こんな注文はおかしいと一瞬でも思わなかったのだろうか？」

ルームサービスのスタッフがチップでかなり得をしたことから、前日の教訓が再び鮮やかによみがえった。仮定に疑問を抱き、問うてみる。そして、事態の打開策を考えろということである。

第13章　パッカーに乗る

きっかり午前7時59分、ローリーはヴァイン・ビュー・マナーのロビーを出て階段をさっと下り、車へと向かった。驚いたことに、シドニー・ワイズがもう助手席側のドアにもたれていた。コーヒーを手にし、足元には大きなダッフル・バッグが置いてあった。ブーツやベルトと同様、オレンジ色のバンダナは昨日と同じだったが、シャツとショートパンツは着替えてあった。この日彼は、デザインも非常にシンプルな絹のナット・ナストのシャツをこれ見よがしに着ていた。真っ黒なそのシャツにはダイヤモンドの形をしたボタンがついており、その両側に白の縦縞のラインが2本入っている。ショートパンツは褐色がかった茶色で、今風に着古し加工がなされている。ローリーはジーンズに白のポロシャツという楽な服装で、ワイシャツにカーキ色のスラックスというといういつものパターンとは異なっていたが、それでもシドニーの隣に立つときわめて地味に見えた。

連れを見ると、ローリーの中で複雑な感情が沸き上がった。シドニーはここに時間通り来ていた。それはよいが、彼は車にもたれかかっていたのだから、ほこりをつけていたかもしれないし、ローリーの愛車を傷つけていることだってあり得るのではないだろうか。それは困る。しかし、そんなことにひとつひとつ引っかかっていれば、気を遣いながらシドニーを待たせることになるため、しっかりスケジュール通りに動くことにした。すぐに彼は、この一瞬一瞬がシドニーとの間に芽生えた関係を深める縮図と考えた。このインテリぶる指導者を毛嫌いしていたところもあったが、概して言えば、ぶっきらぼうで大男のシドニーのことを知るにつれ、よいと思う点や感謝すべき点もたくさん出てきた。

「おはようございます」

とローリーは元気に声をかけた。

「おはよう」

とシドニーが挨拶を返した。

彼らはトランクにバッグを入れ、車にさっと乗り込んだ。ローリーはエンジンをかけると、まるである種瞑想にふけっているかのように、ただじっとしていた。

「何を待っているんだ?」

とシドニーが尋ねた。

「天気にかかわらず、30秒はこうするんです」

とローリーは言った。彼には決まって必ずすることがたくさんあるが、これもその習慣の1つで、いつも30秒間エンジンを暖気運転させてから、シフトレバーをパーキングからドライブに入れることにしている。彼は何年か前にそのアドバイスを何かで読んだことがあった。今では何で読んだのか思い出すことさえできないが、その当時それに共感し、今でもそれを実践している。

ローリーはズボンのポケットから携帯電話を取り出し、テキストメッセージの画面を開いた。

「それでは今日の予定です。アイク・レドモンドと8時半にトラビス・ヒル牧場で会います。場所はトラビス・ヒル・ロード10038。道案内お願いします」

彼はシドニーの膝の上に、牧場までの道順を書いた紙をぽんと投げた。シドニーはその紙をちらっと確認した後、丸めてカップホルダーに入れた。

「大丈夫、いずれにしても方向は頭に入っていますから」

とローリーは返答した。

「ジムによれば、アイクは乗馬が好きで時間があればいつも出掛けて行くとのことで、このトラビス・ヒル牧場には中央カリフォルニアでもっとも美しい牧草地があると言っているそうです。どうやらほとんど仕事も馬に乗りながら、そこでやっているらしいんです」

頭の中の時計ではとっくに30秒が過ぎ、ローリーはシフトレバーをドライブに入れ、すぐに2人はジャーディン・ロードを求めて東へ向かった。ガソリンスタンド、食料品店、小さなワインの試飲所、その他さまざまな起業家の事業所などを走り過ぎた頃、ローリーは話を続けた。

「わが社の製品を置いてもらえるよう、アイクに約束させることができれば、立派な業績になるでしょう」

彼は間を置いてから、さらに付け加えた。

「もしできればじゃなくて、約束させてみせます」

そう断言してうなずきながら、満足気に笑みを浮かべた。

「ここで曲がって」とシドニーが大声を出した。自分で自分を励ますような言葉にまだ陶酔していたローリーだったが、はっと我に返り急いで左にハンドルをきった。わずかながらタイヤがキーッときしむ音がした。たちまち田園風景が広がり、道路は2車線となり、その両側にはぐらぐらした支柱とずたずたになった針金でできたおんぼろなフェンスがあった。その向こうは一面に低木の茂みが広がっているが、所々高いオークの木に遮られている。「これを3㎞程行きます」とローリーが言った。道路は体をくねらすヘビのように、あちこち曲がりくねっており、ローリーは時速50㎞以上出せなかった。その後シドニーから何の指示もなかったため、ローリーはホグ・キャニオン・ロードを右に曲がった。彼は実際に曲がるかなり前に右折のウインカーを出すことで、地理に長けた能力を示したが、無口なシドニーから何の反応も引き出せなかった。

「あと5㎞程行ったら、トラビス・ヒル・ロードを右折します。そうすれば牧場に到着です」

とローリーは、こっそり時計を見ながら言った。8時15分、まだ時間はたっぷりある。周囲の環境ががらりと変わり、花さえ咲いていた。四方にブドウ畑が姿を現し、白いシャツを着てつばの広い帽子をかぶった男女が日々の仕事に精を出している。彼らがけだるそうにブドウの木々の間を通って行った後には、ほこりがたっていた。よく見ると、ウサギが茶色の土くれに沿ってぴょんぴょん走っていたり、リスがすごい速さで行ったり来たりしているかと思えば、頭上には鳥がすいすいと飛んでいる。なんて素晴らしい。牧歌的なイメージがローリーとシドニーを魅了したようだった。2人は穏やかな気持ちでドライブを続け、一言も言葉を交わすことなく、この詩的で美しい森羅万象に溶け込んでいた。

「5㎞を過ぎちゃったな」と抑揚のない調子で言ったシドニーの言葉によって、ついに夢心地の状態は断たれた。走行距離計は確認していなかったが、ローリーは時計を見て心臓の鼓動が止まりそうになった。8時半、遅刻だ。どこを探してもこれほど恥ずべき言葉があるだろうか？遅刻。これで一遍にいい加減で無責任、信頼できない不届き者というレッテルを貼られてしまうのである。彼は何に対しても遅刻することをひどく嫌っていた。そして今、会社の新しい時代の幕開けであり、好印象を与えられる最初の機会であるのに、彼は顧客と会う大事な約束の時間に遅れて行くことになりそうだった。「見落としたんでしょうか」と彼は、明らかにパニック状態になって大声をあげた。シドニーの返事を待たずして、ローリーはカップホルダーにさっと手を伸ばし、手探りで地図を取ろうとした。そして、地図を広げ、曲がりくねった道と地図に交互にすばやく目をやりながら、どこで間違えたのか探した。曲がる場所を間違えたのだろうか？　いや、そんなはずはない。朝食のトーストを16切れ食べながら、簡単に道筋を頭に入れておいたのである。

ローリーは突然、乱暴なまでに急ハンドルをきり、とりあえず2本のわだちしかないような所に車を入れた。シフトレバーをバックに入れ、アクセルを踏み、今来たホグ・キャニオン・ロードを急スピードで戻った。まだシドニーから一言も発せられていない。文字通り景色は、彼の視界から消えていた。アスファルトの道以外、白い空間でしかなかった。彼は車を飛ばしながら、頭を左右に動かし、トラビス・ヒル・ロードを探した。8時39分、彼の時計があざけっているかのようだった。

「あそこだ」

シドニーが路肩に45度くらい傾いているぼろぼろの杭を指差した。色あせた標識が切断された枝のようにぶらぶら揺れていて、文字もわずかに見える程度だったが、車が近づくにつれ、はっきりと見えるようになってきた。トラビス・ヒル・ロードと書かれており、小さな矢印がついていた。ローリーはすごい勢いで角を曲がり、後方に砂利を巻き上げていた。その後、踏み固められた土道に入り車の揺れは止まった。荒れた小道を走りながら、2人はわかりにくい牧場が姿を現すのを待っていた。その時ローリーは、真っ赤な文字でトラビス・ヒル牧場と手書きされた木製の小さな看板を見つけた。車のスピードを落とし、彼としては平静を取り戻して堂々とした態度で到着したように見せたかったものの、時間を考えると切迫感でいっぱいだった。

どういう訳か、ローリーはトラビス・ヒル牧場のイメージを思い起こしていた時、古いテレビ番組「ダラス」のサウスフォーク牧場がふと浮かんだ。壮観なヒノキが植えられた長い優美な道が続き、その両側には草原が広がり、そこでは見事な馬達が気ままに駆けているような光景である。そして彼の中では、その道はたくさんの鮮やかな花が咲き乱れる豪華な手入れの行き届いた庭のある、宮殿のような邸宅へと続くはずだった。

しかし、ここはサウスフォークとは違っていた。家はおそらく築30年程といったところだが、傷み具合から見て、この建物はもっと年数が経っているように思われた。窓ガラスは一重で、痛々しい程傷んでおり、ぽんと叩いただけで粉々に割れそうである。汚らしくペンキのはげかけた家は、風の強い秋の日の木の葉のようだった。どこもかしこも改修を求めて悲鳴をあげている。薄汚れた家のまわりには、同じく手入れされていない離れ家がいくつかあった。その中に「ギフトショップ」と書かれた看板が取り付けられた、小さなおんぼろの木造の小屋まであるのには、ローリーもほとほと驚いた。

「あそこでスノーグラブでも売っているのかな?」

とシドニーは面白がって言った。

ローリーはこの環境にはまったくそぐわないぴかぴかの新しいシボレー・タホの後ろに、とりあえず自分のメルセデスを静かに止めた。車から降りると、彼は自分の愛車を見てもう少しのところで吐きそうになった。今朝のラリーでほこりと泥にまみれていたのである。彼が今度洗車できる機会はいつかと考えていると、誰かが納屋から飛び出してきて、こちらに向かってちょこちょこ歩いてきた。50代のずんぐりした男で、丸い赤ら顔をしており、大きくて優しい目、団子鼻、厚くてかさかさの唇が特徴的だった。彼はその唇をちょっとなめて、ローリーとシドニーの方へ近寄ってきた。そして、積極的に握手を求めてきた。

「アイク・レドモンドだ。ローリーだね?」

「はい、そうです。アイク、お会いできて光栄です。あっ、それから、遅れてしまい申し訳ありませんでした。実は…」

「いや、構わないよ」とアイクが遮った。「ちょうど馬に乗る時間だ」と彼は納屋の方を指差した。そこでは、くつろぎながらも好奇心旺盛な馬達が客を一目見ようと、厩舎の仕切りの扉越しに長い首を伸ばしていた。ローリーはその大きな優しい目を覗き込んだが、視線はすぐにまた、まわりのおんぼろな建物に向けられた。アイクはローリーが視線をそらしたことに気がついて言った。

「見るものはあんまりないんだが、馬はよく手入れされていてね。まあ景色は気に入ってもらえるんじゃないかな。馬と言えば、マーシーはどこかな?」

ちょうどその時タイミングよく、日焼けした魅力的な20代後半の若い女性がカウガールの正装をして、納屋の中の馬具収納室からこちらの方へ向かってきた。

「こちらがマーシー、彼女が今日の案内役だ」

とアイクは言い、彼女を会話に引き入れた。

「えーと、あなたは?」

アイクはシドニーの方へ手を差し出した。

「シドニー・ワイズです」

「キトリッジ社の方、おっと、オリベンヘイン社と言うべきですかね?」

「いいえ」

とシドニーはそれしか答えなかった。

次々と握手を交わして一通り紹介が済んだところで、アイクが言った。

「さて、みんな鞍をつけて出掛けよう。マーシー、どうだい？」
マーシーがローリーとシドニーをチェックすると、2人共「ボナンザ（訳注：テレビのウェスタンホームドラマ）」の登場人物のようになる準備ができていないようだったので、使えそうな馬具があるかどうか見に納屋に戻った。その後、「バズとパッカーを連れてきます」と落ち着いた声で言った。アイクはにこっと笑って同意を示した。マーシーは納屋のまさに奥の暗がりまで引っ込み、しばらくして2頭の大きなたるのような図体をして、前脚がふらついているようなクォーターホース（訳注：アメリカで乗馬や牧畜作業に使われている馬）を連れて現れた。その2頭の馬は非常に穏やかそうで、たとえ爆弾が落ちても興奮しないのではないかと思われる程だった。2頭の歩く姿を見た瞬間、ローリーは安堵感に包まれた。彼は自信をもって堂々と馬に近づき、温かな首をなで始めた。

乗馬をするにあたって、アイクに言われた時間は適切だった。4頭の馬（マーシーとアイクは、もっと元気のいいアイリスとヴァルという名の馬に乗ることにした）すべてに対して、欠くことのできないブラッシングをし、ブランケッティング（訳注：胴掛け）を行い、鞍をつけて鞍帯を締め、馬勒（訳注：馬の頭部につけるおもがい、くつわ、手綱の総称）をつけるといった準備をするのに、1時間近くかかった。その後やっと、報われる時が訪れるのである。馬に乗るための踏み台が納屋から運び出され、パッカーの横に置かれた。ローリーはパッカーという、この従順で奇妙な仕掛けの上に乗るよう指示された。

「左足をあぶみに乗せて、鞍頭をつかんで、自分の体を引き上げて。大丈夫、簡単だから」とアイクは安心させるように言った。パッカーの落ち着いたまなざしはさておき、3人から浴びせられる強い視線にプレッシャーを感じながらも、ローリーは文字通り難局に対処し、ジョン・ウェインのように背筋をぴっと伸ばした。負けじとばかりにシドニーも、同様に堂々とした身のこなしで後に続いた。「進め」と声をかけないうちにバズとパッカーは、周囲の丘の方に続くほこりっぽい曲がりくねった小道をゆっくり歩き出していた。

トラビス・ヒル牧場の設備に関しては改善の余地があるかもしれないが、景色は驚く程素晴らしい。果てしなく続く丘の斜面を通り抜ける道が何㎞にも及び、そこには複雑に織りなすオークの木々、起伏の多い自生の低木の茂み、やさしく揺れる草などがうっそうとしていた。しかし、目を楽しませてくれるだけでなく、耳に届く音も素晴らしかった。枝と枝の間を舞う風、上空をすばやい動きで飛んでいく鷲、古い川床をさらさら流れる小川、リズミカルにひづめを鳴らして歩く馬など、さまざまな音が聞こえてくる。親指と人差し指の間にそっとはさんだ革ひもの感触さえ、ローリーには心地よいものであった。

マーシーは誇り高いツアーガイドとしての役目を果たしていた。ここの資産はもう100年以上彼女の家族のものであり、この土地の隅から隅まですべて、時には歩いて、時には馬に乗りながら見て知っていることを誇りにしている。「私はこの場所を知り尽くしているわ」と彼女は言う。この主張には誰も反論しないだろう。茂みの中に下りて行けば行くほど、ローリーの不安は徐々に消えて行った。

「さて、ここらで少し仕事の話をしておいた方がよさそうだね」

とアイクに言われ、彼は失望にも似た気分になった。

「そうですね、確かに」

とローリーは言って、ビジネスの世界へと自分の気持ちを切り換えた。

「私は素朴な人間でね、ローリー。だからのんびりやっているんだよ。なぜ君は、会社の製品の売り込みをしないいんだね？」

どちらにしてもローリーの仕事の肩書は販売業務に関するものではなかったが、彼はキトリッジ社のベテランであり、会社のことも製品のこともすべて理解していた。彼も多くの従業員同様、自社製品の大使であることに誇りを持っていた。したがって躊躇することなく、彼は熱く語り始めた。会社の創立から歴史、製品固有の技能、登録商標権をもつテクノロジー、顧客のロイヤルティの高さ、そして従業員が示す仕事に対する献身とスキルに至るまで一気に話した。その後収益成長、バリュー、利益に関する興味をかき立てられそうなビジョンの考察を楽しそうに話し始めた。それは、仮にアイクがキトリッジ社の製品を仕入れてくれればそうなるという話である。

しかし、その話からローリーが長年計算機とスプレッドシートを用いて仕事に懸命に取り組んできたことが、容易にわかった。このローリー1人による長話はたっぷり10分間続き、その間に彼らは流れの早い川床を慎重に渡り、砂だらけのわだちのある道を越えて、草に覆われた丘の斜面までジグザグに進み戻ってきた。

アイクは大きなプラタナスの木陰で馬を止め、連鎖的に「どうどう」と声をかけ始め、足元の青々と茂った草を食べさせた。彼は果てしなく広がる大地を眺めながら、ゆったりとした調子で言った。

「君の情熱的なところがいいね、ローリー。あと…」

と言いかけたところで、鞍袋の奥深い所にしまい込まれていた彼の携帯電話が鳴った。

「しまった、車に置いてきたと思っていたんだが」とアイクが大声を張り上げた。シドニーはバズの向こう側にいるローリーの方へ体を傾けてささやいた。

「それなら電話に出るなよな」

しかし、アイクは他の人と同じように、着信音におびき寄せられ、とても逆える状態になかった。彼はヴァルから降りて、鞍袋から携帯電話を引っ張り出した。

「アイク・レドモンドだ。あぁ、うん、それで何時に？　わかった。すぐに行くと伝えてくれ」

彼は携帯電話を袋に戻し、みんなを見上げた。

「本当に申し訳ないんだが、戻らなくてはならなくなった。あとはマーシーと行ってもらうことになるが、あの頂上からの眺めは息をのむほどの美しさだよ」

彼はローリーとシドニーの方へやって来て握手をした後、ヴァルにひょいと飛び乗り、西の方へ走り去って行った。小道を50m程行った所から、彼は馬のスピードを落とすことなく少しこちらを向きながら、後から付け足すように言った。

「いずれまた連絡するよ、ローリー」

ローリーはパッカーに乗ったまま口をぽかんと開けて、何が起こったのか考えていた。彼は大得意になって話をし、アイクはその話に熱心に耳を傾けていたと思われたが、次の瞬間にはもう行ってしまったのである。ジムに何て言えばいいんだ、誰に最新情報を求めるのが確かなんだ？あまりにも考えることに集中していたため、マーシーとシドニーが自分を置いて先に行ってしまったことに気がつかなかった。彼は急いで小山を登り、牧場の一番高い所を目指した。手綱を揺さぶり、パッカーのたるのような腹を固く締めつけ、２人の後を追いかけた。

その5分後、３人は頂上に到着した。アイクの言う通り、ローリーは息をのんだ。ブドウ畑にオリーブの木立、人里離れた土地、馬がのんびり歩く長い小道などを見渡す３６０度のパノラマで、どれも素晴らしい自然そのままの色に染められている。空気さえも違って感じられる。生気にあふれエネルギーを与えてくれそうな、そして触れることができるような感じに襲われる。３人は馬から降りて、そこに立ちすくんだ。数分間静かに考えにふけっていたが、リンゴをガリガリかむ音と道をザグザグ踏む音に遮れられた。マーシーが歴史的な道標、昔の旅のルートを指差した。そして、この小さな地域の生育期に影響を与える気候について仮定まで立てた。最後に彼女は、大事にしているこの場所をいかに離れがたいかあらわにするかのように、心からため息をついて言った。

「さあ、そろそろ牧場に戻らなくては」

彼らが馬の背に揺られながら道を歩いている間、会話は最小限に留められた。その後マーシーが先頭を歩き出すと、シドニーがバズをパッカーの横につけてローリーの方を向いて言った。

「この商談は成立したようなものだな」

「どういうことですか？」

「アイクとの商談だよ」

「なぜそう言えるんですか？」

「君はキトリッジ社のことを話しただろ。大半の人は数字を強く押し出してくる。こんなに得ですよ、費用はこれくらいかかりますなんてね。でも君は、多くの側面から会社の実態、有意義な展望をありのままに話した。アイクはそれに好反応を示した。なんと俺もだ」

彼らは高いマツの木立のそばを通る時、長くて針のようにとがった葉が肘をかすりちくちくした。これはシドニーからのほめ言葉だと思い、ローリーはうれしくて笑みがこぼれそうになったが、それをぐっとこらえながら言った。

「ええ、まあ、いずれ彼らから返事がくるでしょう」

少し間を置いて、こう付け加えた。

「僕にそんな説得力があるとしたら、ジムに僕が新しく発見した戦略策定のノウハウを受け入れてもらえるかもしれないですね」

「それはそうと、もうすでに次のステップがわかっているな」

「えっ、何ですか？」

「次のステップだよ。君はもうわかっている」

「いいですか、シドニー。それじゃあ、言葉を言い換えただけでしょ。ちゃんと教えて下さいよ」

とローリーは少しいらいらしながら言った。しかし、このいら立ちはシドニーに向けられたものというよりは、文字通り鞍に乗っているうちに増してきた痛みによるものだった。

「アイクに何を話した？」

「会社のことですけど」

「もっと詳しく」とシドニーが執拗に返答を迫った。

「従業員のことも話しましたね。どれほど献身的で知識が豊富か。あと用いているテクノロジーや顧客のこと、製品の仕入れに関する財務面についても」

「つまり、」とシドニーが話に割り込んできた。

「多くの側面について話したわけだ」

ローリーは考えてから言った。

「ええ、そうですね」

「戦略計画の策定についても同じなんだよ。答えるべき最初の基本的な問いは、何によって前進を図るのかということだ。これについては、例のヴァナゴンの出来事の後に話し合ったよな、覚えてるか?」

「もちろん」とローリーは吐き出すように言った。鞍の革ですれた痛みが、いら立ちから本格的な痛みに変わってきた。シドニーは彼をじっと見たが、大丈夫そうだったので話を続けた。

「戦略の土台となる基本的な質問が他に3つあるんだが、俺が4つのレンズと呼んでいるものを紹介するのに、いいタイミングだ」

彼は長い指で円を作り、双眼鏡の焦点を合わせるしぐさをした。ローリーは指で円を作るその動きを目で追ったが、それより感心したのは、バズが気づいていないにしても、シドニーが手から手綱を瞬間的に離す勇気があるということだった。

「4つのレンズですか?」

ローリーが尋ねた。

「そう、多くの側面、つまり複数のレンズから物事を見るってことだ。戦略に関する意思決定はすべて、各レンズを通して吟味すべきなんだ」

「もっと詳しく」

と、ローリーは先程のシドニーを真似て言った。

「もうわかっていると思うんだが、ニューマン。まあいいだろう。最初のレンズ、つまり側面は社会的な面と文化的な面だ。戦略について意思決定を行っている場合、社会環境や文化に与える影響を考えなければならない。まずは中心となるものから始めるんだ。たとえば、前進させるものが製品やサービスであると君が結論づけたとしよう。しかし、君が行った調査やチームが将来について行った討議に基づいて、焦点をテクノロジーに変えたいということになったとする。さて、まず質問すべきことは、自分達がテクノロジーにそれだけ熱心であるかということだ。これが中心となる。もしずっと製品やサービスに焦点を当てていたなら、おそらくそこに情熱を注いでいて、それに関して組織文化ができ上がっていることになるだろう。焦点を変えれば、組織構造全体に影響が出るかもしれない。そのような覚悟ができているかどうか問う必要がある」

「価値基準のことを言っているんですか?」

とローリーが尋ねた。

「うん、価値基準とも言えるかな。価値基準は従業員全員が共有する永遠の信条だ。さらに、会社を前進させるものによってやがてそれが具体化されていく。だからその焦点を変えるとなれば、文化的、社会的な面、価値基準などの変化を伴うことを覚悟した方がいい」

ローリーはもうその時、絶えずうずうずしていると言ってよい程の状態で、お尻の両側からこみ上げてくる痛みを和らげようとした。パッカーが1歩進むたびに、皮膚がはれて水ぶくれができつつあった。間違いなく、鞍ずれができてきていた。

「大丈夫か、ニューマン?」

「あっ、ええ、なんとか。理解できているかどうか確認させて下さい。僕はアイクに従業員のことを話した。ということは次のレンズは従業員ということになるんですよね？」

彼は間をとって、シドニーの反応を待ったが、これまでに学んだ通り、シドニーが黙っているということは話を続けろということである。

「戦略について考える場合、適切な従業員がいるかどうか考えなければいけない、そうですよね？」

ローリーのこの思考的な訓練は、戦略計画策定の知識を増やすと共に、生じる痛みを一時的にごまかせるという2つの目的に役立った。

「俺はそれをヒューマン・レンズと呼んでいる」

とシドニーが口を開いた。

「戦略について行う意思決定にはどれも、それに必要となる一定のスキルが要るだろう。意図している戦略を実行するのに必要なスキルを従業員が持っているかどうか、見極めなければならない。持っていない場合には、その穴埋めをするために積極的に人を雇ったり訓練をしたりすることに投資するだろう？　なぜかと言えば、そうしないと、戦略を文書にする価値がないからさ」

馬が丘を駆け登る際、ローリーはつらい痛みを最小限に食い止めようとあぶみに立ち上がっていた。頂上に着くと、地平線に金色の光を放つ牧場が見えてきた。ローリーは、昔の探検家が何か月も航海を続け、運命的な日に船の欄干越しに遠くを見つめ、大陸を発見するといったような気持ちになった。ああ、助かった！　しかしその時、現実が重い網のように彼に襲いかかってきた。まだ牧場までたっぷり2km程あることに気づいたのである。

「本当に大丈夫か？　ニューマン？」

「ええ…3つ目のレンズはテクノロジーですよね？」

アイクに話した言葉が断片的に頭に浮かび、テクノロジーが論理的にレンズの1つになりそうだと考えられた。

「これまた大当たりだ。その通り。戦略に関する意思決定は、テクノロジーのレンズからも吟味しなければならない。その意思決定は新しいテクノロジーへの投資が必要となるのか？　現時点で用いられているテクノロジーはどうなってしまうのか、不要になるのだろうか？　おそらく君もわかっているだろうが、レンズはお互いに影響し合う。新しいテクノロジーを用いるには、新しい技術者が必要となる場合がある。つまり、これはヒューマン・レンズだ。そして、テクノロジーは非常に脅威をもたらす可能性のあるものの1つなんだ。とくにベテランの従業員にはな。だから、組織文化のレンズと社会的レンズについて十分理解しておいた方がいい」

マーシーは帯状に広がる道で馬を止め、ローリーとシドニーが来るのを待った。

「近道しますか？」

と彼女から聞かれ、

「そうしましょう！」

とローリーはあえぎながら言った。

「じゃ、ついて来て」

と彼女は言った。彼らは2本の柵の杭の間の狭い道路を通り抜けると、マーシーはアイリスのスピードを上げ始めた。

「やめてくれ。これ以上バウンドさせないでくれ」

とローリーは思った。しかし、尻が鞍に当たるたびに感じる耐えがたい痛みを考えれば、1分でも早く牧場へ戻った方がいいのかもしれない。

ローリーはまた、痛みをごまかすために他のことに注意をそらそうとわらにもすがる思いで、なんとか話を進め始めたが、駆ける馬の震動でどもるような言い方になった。

「それはそ～う～と、よっつ～め～の、レ～ン～ズは…」

「財務さ」

とシドニーは、まるで空港の滑走路をすべるように走るロールス・ロイスの後部座席に乗っているかのように、非常に穏やかな調子で言い返した。

「戦略の意思決定は財務的な投資を伴うものだ。インフラ、従業員、あるいはキャパシティなど、どんなものにもだ。そしてもちろん、その上で収益の増大と利益を期待する。問題は、その収益と利益が投資した分を補えるかということだ」

うっ、これは幻想か？　何か最高に危険で不運なわなに自分が掛かってしまうような気がする。

何だこれは？　パッカーが後脚を上げて跳び上がり、ローリーは前へつんのめった。ゆっくり少しずつイメージが鮮明になってきた。ようやく明るい青空に浮き彫りになって、彼の目にそれがはっきりと映った。おお、何とありがたいことか。見えたのはギフトショップだった。シドニーはギャロップで馬を走らせ、英雄気取りで牧場に戻ってきた。ローリーの横を通り過ぎる時、彼に向かって言った。

「たぶん、そこの店でバンドエイド売ってるんじゃないのか、カウボーイ君」

第14章　ピスモ・ビーチで充電

ローリーがＣ２３０を試運転した時に最初に気づいたことの１つが、許しがたい程硬い運転席だった。セールスマンはいつもやっているように、それを利用してそのマイナス材料をプラスの材料へと変えた。アメ車の性能不足をリビングルームのソファのように柔らかくて豪華なシートでごまかす場合が多いことを強調して、ローリーの不安に対応した。「レイジボーイ（訳注：米国製の布張り安楽いす）か、それとも性能のよい車か、どちらがお望みですか？」とセールスマンはぶっきらぼうな感じで言った。最初ローリーは、この堅い革をしぶしぶ受け入れていたが、そのうちあのセールスマンの考え方に同意し始め、誉れ高きものの象徴としての不快感も薄らいでいった。しかし、パッカーに2時間乗っていたことで、今日は柔らかな革のリクライニングシートに座って運転したいと切に思った。

彼は慎重に身をかがめて運転席にもぐり込み、ペダルとハンドルに十分届くよう、必要な分だけ位置を変えた。シドニーが荒っぽく助手席に乗り込んできたため、車はちょっとした地震のように揺れ、ローリーは必然的に痛みが襲ってくることを予想してびくっとした。ローリーがバックミラーを調整していると、バズとパッカーを率いてのんびりと納屋へ戻っていくマーシーの姿がちらっと見えた。車はギフトショップを過ぎて、道路へと戻った。

ローリーの腹時計のアラームは尻がずきずき痛んでいても止まることなく、１０１号線に着いた時にはもう苦痛に近い程の警報音を出し始めていた。彼はサン・ディエゴまでまだ４８０km以上あり、たとえどこにも寄らずに走ったとしても、到着するのは夕方の6時を過ぎるだろうということに気づき、しぶしぶ運転を続けることにした。ゆったりとした息遣いをしながら目を閉じていることから、シドニーは馬に揺られているかのように眠りに入っていたと思われる。そのため、ローリーは気をそらすために話をしようと思ったが、問題外だった。彼は心の中で1人問答をすることにし、得た教訓を頭の中で再度考えてみた。教訓の妥当性についてよく考え、キトリッジ社に突如発生した新しい状況にどの程度それらを適用できるのか自問してみた。

シドニーが話してくれたことを疑うわけではなく、そのテーマに初めて触れる人なら誰でもするように、単に批判の目を投げかけただけである。しかし、彼は繰り返し考えれば考える程、教わったことが自分にとって、いや誰にとっても、どの組織にも完璧に適合しているように思えてきた。用語を明確に定め、創造的な問いを投げかけることで下準備をする、そしてミッション、つまり組織としての中心的な目的を作り上げる。それから、組織として会社を前進させるものは何かを判断する。それが会社を前進させ、次々となされる意思決定すべての特徴をなすものとなるだろう。最後に、4つのレンズに戻ってきた。社会・文化、ヒューマン、テクノロジー、財務、これらは基本的な戦略の問いにいくつかの観点を付け加え、各レンズが戦略に関する意思決定を行う上でいかに重要であるか、そして4つのレンズがいかに相互に作用し合い、それによって戦略にまつわる話し合いの質が向上していくということがわかった。

こうして考えにふけっているうちに、ローリーは不快感から気をそらすことができ、深い満足感を覚えた。彼は間違いなく学び得たことに喜びを感じ、ジムや他のオリベンヘインの新しいボス達から好評を得られそうな報告書を渡せるかもしれないと考えると、楽観的になっていた。

「あり得ない」

車がサンタ・マルガリータと書かれた標識をすばやく通り過ぎた時、ローリーはそう思った。

「40㎞はあるはずだぞ」

その時彼は気づいた。

「カー・コマ現象か」

カー・コマ現象とは、運転中に完全に思考状態に陥り、フロントガラスの外側の世界にまったく気づかないことである。しかし、昏睡状態という繭に包まれているかのようになりながらも、運転を続けるのである。人は遠隔操作されているかのように、タイヤが道路の上で音を立てている時、何が行われているのか頭の中で整理し、脳が伝えていることに従って行動できる程、運転の技術に長けている。しかし、一部分が欠落している。考えにふけってしまっているのである。カー・コマ現象に陥っている間は、どんな建物も木も、他の車も、通り過ぎるすべてのものが、1つの大きな空っぽな空間になってしまうものである。

ローリーがかなり空想にふけっているうちに、46号線を通り過ぎていた。西の方へあと30㎞程行けば、カブリロ・ハイウェイに入り、そこからほんの数㎞北へ行くと、ハンナのお気に入りの場所の1つであるハースト・キャッスルが見えてくる。新聞王であるウイリアム・ランドルフ・ハーストの宮殿のような屋敷は、実に宝石のように美しく、122,000坪を超える、驚くべき広大な土地に建てられている。彼はまたテンプルトン、アタスカデロ、そして41号線をスピードを上げて通り過ぎ、クレストンに入る所で左折した。そこは、うねうねと続くブドウ畑と馬の放牧場がある、絵のように美しい小さな村だった。

携帯電話の呼び出し音で、ようやくローリーとシドニーははっと目が覚めた。シドニーは明らかに昼寝から起こされたことに不満気だったが、しっかり意識を取り戻した。ローリーが挨拶をする間もなく、スピーカーからはメルビル・ベルのやかましい声が聞こえてきた。

「ローリー、信じられないことですが、マークがとんでもないことをしています！」

「まあ落ち着けよ、メル。どうしたんだ？」

「昼休みの時間に、オフィスの自分の部屋でケトルベル・ジャークを使って筋トレをしていたんです。そうしたら、あなたの部屋でマークが一騒動起こしているって聞いて」

ケトルベルという言葉を聞いて、シドニーがいぶかしげな様子を見せたため、ローリーは小声で言った。

「古くからあるロシアのエクササイズです」

シドニーはまったく納得していないようだったので、ローリーは話を続けた。

「基本的には、15kg程の鋳鉄でできた砲丸に取っ手がついているようなものです」

それでもシドニーは懐疑的な態度を崩さなかった。

「ハリウッドでは流行っているんですよ」

とローリーが言うと、シドニーは目を丸くし、首を横に振り、通り過ぎていく景色に目を移すことでローリーとの会話に終わりを告げた。

「ローリー、聞いてますか？」

「ああメル、ごめん。続けてくれ」

と彼は一応言ったものの、不意にあることに気づいた。ドイツの将軍やアメリカの政治家、そしてシェークスピアを引き合いに出し、カリフォルニア州のあらゆる都市、街、村のキャッチフレーズまで知っていそうなシドニーが、ケトルベルが何であるかを知らない。少なくともこの点に関しては、たとえ少数の者だけしか知らない物だとしても、シドニーより自分の方が知っていたということにローリーは計り知れない程満足感を覚えた。

メルは話を続けた。

「それで大丈夫かと確かめに行ったんです。そうしたらマークがローリーのいすにどっかり座って、机の上に足を投げ出しているんですよ」

ローリーはマークに侵入され、毎日ウィンデックスの窓ガラス洗浄液でぴかぴかにしているガラス張りの机を汚されたかと思うと、ぞっとした。あの新品同様の表面の上に、マークのローファーが置かれたと想像するだけで、吐きそうになった。

「だから言ってやったんです。自分が何をしているのかわかっているのか、マークってね」

この時点で、ローリーの携帯電話は電池切れの警告音を発して、もう限界であることを示していたが、その警告は無視された。

「それで?」

とローリーは話の続きを促した。

「そうしたら奴がこう言うんです。『このいすがほしいのかい、ベル? あの戸棚はどうだ? ニューマンの奴も、もうここには長くいられない。だからこいつをヤードセールにでも出すことを考えないとな』って」

「あの野郎…」

ローリーはマークを激しくののしる言葉を吐きそうになるのをここで押さえた。マークの邪悪さ、とどまるところを知らない性格から言って、何が何やらわからないことでなんとしてもメルを脅し、電話をかけるよう仕向け、マークがちょうど部屋にいれば、間違いなく後々自分が有利になるようその電話内容を録音しているだろうと、すぐ推測がついたからである。

「心配いらないさ、メル」

とその時、ローリーは冷静を装って言った。

「それにしても、彼はどういうつもりであんなことを言ったんでしょうね、ローリー?」

「僕は戦略計画の策定方法について報告書を提出しなければいけないことになってる。それでつまり、彼は僕がそれをやり遂げられないだろうと思っているのさ」

「その時は…」メルの声がだんだん小さくなっていった。その時、ローリーの電池が切れかかっている携帯電話が、最後のけたたましい警告音を発した。その後、車内は再び静かになった。ローリーはカップホルダーから携帯電話を取り上げ、何か出土品でも見るかのように、綿密に調べた。

「だから充電しろって」

とシドニーがしわがれ声で言った。

「やってみましたけど、バッテリーがだめになっちゃって、充電してももたないんだと思います」

とローリーが答えた。

「これからバッテリーを買いにどこかに寄らなくては。それに腹ペコだし」

ローリーは次の出口から101号線を降りることにした。そこは、たまたまプライス・ストリートへ続く道だった。

「カリフォルニア州で17番目に長い栈橋だ（注1）」

とシドニーは静かに言った。

「何のことですか？」

「ピスモ・ビーチのことだよ。カリフォルニアで17番目に長い栈橋で、記憶が正しければ、約365mあるんだ」

カリフォルニアに関する雑学については学者顔負けのこの知識に、ローリーは我慢できなくなりつつあった。とくに、自分が知性を発揮したすぐ後に、シドニーがこうした特有の触りを言うそのタイミングに憤りを感じた。

「そんなこと誰が知っているというんですか？　それにしてもなんであなたは？」と彼は詰問し、その後、前方の道路の方へ注意を戻した。彼らは海岸沿いにある2件のホテルをすばやく通り過ぎて、南へと曲がった。

アメリカを始めとして世界中において、小さな街の人々の多くが巨大小売店を好む傾向にあるが、ピスモ・ビーチはそれとは異なり、地元の人々が所有するさまざまな店舗が集まっている形をうまく維持してやってきた。サイプレス・ストリートだけでも、物見高い旅行者は楽しい店をいくつも見かけることだろう。庭に置く石像からヒッピー族の時代に流行ったビーズのネックレスに至るまで、そしてもちろんサーフィン・グッズに関しては何でも取り揃えた店など、いろいろな店が雑然と並んでいる。ローリーとシドニーはテニスの試合を見るかのように、首を右へ左へと振りながら、小さな海辺の街をこんなにも活気に満ちたものにしている店、レストラン、旅行者、そして地元の人々を眺めては楽しんだ。軒を連ねるいろいろな店の中に携帯電話の店があったのは、ローリーにとって幸運だった。すぐに彼は、招き寄せられるかのように数10m足らずの右手前方にボブのモバイル・マートを見つけた。方向指示器を出して駐車場に入ろうとしたその時、どこからともなく2人の10代のサーファーらしき者が現れたため、急ブレーキを踏まなければならなかった。人が去ったところで、彼は車を店の2枚のガラス扉の前にある駐車スペースに止めた。

「一緒に行きますか?」

とローリーがシドニーの方へ向いて尋ねた。

「そうしようか」

他の多くの小さな店と同じように、ボブのモバイル・マートの扉にも、開けた時に音が鳴り、客が入ってきたことを店員に知らせるベルが取り付けられていた。しかし残念なことに、このベルでは店に1人しかいない従業員に対して意図した効果が見られないようだった。毛先をツンツンと立たせた茶髪の薄っぺらな若い男が、店に1つだけあるカウンターの後ろで木の腰掛けにシダのように背を丸めて座り込み、おまけに耳に携帯電話を当てていた。この店員はくすんだ茶色のTシャツを着ており、何か字が書かれていたが、彼が腰掛けに前かがみで座っていたためによく見えなかった。あとは黒のジーンズにヴァンズのスニーカーでコーディネートされている。

背後で鳴っていたベルの音が聞こえなくなっていき、2人は小さな四角い店内の中央へと入っていった。そこで驚かされたのは、流れている音楽の好みである。

「オペラですか?」

とローリーはいぶかしげな表情で尋ねた。

シドニーは少しためらった後に、肯定してうなずきながら言った。

「『フィガロの結婚』の『楽しい日々はどこへ(Dove Sono)』だ」

ローリーが即座に睨みつけたことに反応して、シドニーは付け加えた。

「何だよ。モーツァルトだよ。そんなこと誰でも知っていることだろ、ニューマン」

2人はそこからばらばらになり、ローリーは左の方へ歩いていき、壁際の3段から成る棚を見始めた。それぞれ棚には、新しい携帯電話が乱雑に置かれていた。携帯電話はそのスペースに何の順番も関係なく散在し、購入しようとした客がつけていった少なくとも1週間分の汚れや指紋のせいで、どれもさえない物に見えた。ローリーはある型の携帯電話を手にしようと前かがみになったが、油で汚れているのが見えた途端、その手を引っ込めた。彼は本能的にそういう動作をしてしまったことに少し当惑したが、その不安は誰にも気づかれずにすんだ。カウンターの後ろにいる若い男は今だに2人の存在に気づかず、実際なんとも楽しそうに電話で会話を続けていた。

「それで誰がいたって？　まじかよ…むかつく…なあ、俺が送ったあの漫画、マットに見せたか？　ああ…」

話している間、とめどもなくくすくす笑い続けていたが、その後、

「えっ？　それは無理だ。明日の夜は閉店までいなきゃいけないから。がっかりだな」

シドニーの影が腰掛けの向こう側に忍び寄り、やっとその若者の注意を引いた。彼は長いセロリのように首を伸ばしてシドニーの全身をとらえると、電話に向かって「シーッ、もう仕事に戻らなくちゃ。あとでかけるよ」と小声で言った。

「無慈悲な夫によってこんな羽目に陥るとは、何と屈辱的なことでしょう」

こんな言葉が急にシドニーの口から飛び出した。突然のことで若者は面食らった。

「何のことですか？」

と彼はためらいがちに尋ねた。

「歌さ。伯爵夫人が言っているセリフだ。でも、君は知っているんだろ？　オペラの大ファンなんだから」

「ああ」と彼はひそかに笑った。

「それはボブの好みで、僕のじゃありません」

そう言って彼が腰掛けから立ち上がったため、Tシャツの文字が見えるようになった。黄色の文字で大きく書かれていたのは、「ＳＡＲＣＡＳＭ（皮肉）」という言葉で、その下に「自分の多くの才能のうちの１つ」と続いていた。

「いいシャツだな、ここの制服か？」

とシドニーが尋ねた。

「違いますよ」

ローリーはシドニーの左側にやってきて、ポケットに手を入れ携帯電話を取り出した。

「この携帯用のバッテリーを交換しなくちゃならないんだが、あるかな？」

若者はその携帯電話をほとんど見ることなく、返事を返した。

「ありません」

「えっ、見てもないじゃないか」

「うちはバッテリーというものをまったく置いてないんです」

ローリーは店内を見回し、交響楽団の指揮でもするかのようにおおげさに腕を振って言った。

「ここは携帯電話の店なんだから、当然バッテリーなんてあるだろ」

そう言いながら、自分が指摘したことを証明しようと店内を大得意な様子で見回したが、商品の少なさを目にして、この店にはどこにもそういった類の付属品が文字通り見当たらないことがわかった。

「うちには**いっさい**バッテリーがないんです」

といらついている若者は、顔をしかめて言った。

「ボブはどこにいる?」

とローリーは強い口調で尋ねた。自分でも突然憤慨していることに驚いた。

「ボブなら寝てますけど」

「それなら今、起こしてこい」

「あのねえ、言ったでしょ。バッテリーは置いてないって。ホリスター・ストリートのビーチ・セルラーに行ってみたらどうです?」

「君はそこに書いてあるモットーに沿って生きているんだろ」

とローリーがTシャツを見ながら言った。そして甲高い声をあげた。

「携帯電話を売っているのにバッテリーがないなんて、どういう店なんだ！」

これは大喧嘩になりそうだと感じ、シドニーが2人の間に入って言った。「こういう店は…」と言い終わらないうちに、若者が割って入った。

「これはボブの考えなんですよ。以前はバッテリーにケース、サービスプラン、車載用充電器など、ありとあらゆる物を売ってました。でも昨年、彼は新機種の携帯電話しか置かないことにしたんです」

「なぜそんな風にしたんだい？」

とシドニーは、法廷の弁護士が目撃者に誘導尋問するかのように尋ねた。

「そんなこと知るか。俺の時給は8ドル。こんなしょうもない仕事をしているのは、SAT（訳注：大学進学適性試験）の前の晩、ぐでんぐでんに酔っ払っちゃったからだ。もう短大にさえ行けない。だから、毎日こんな最悪な音楽を聞いて、お宅らのような客の応対をして過ごさなきゃならないんだよ」

シドニーはこの20歳そこそこの悩みなど無視して、冷静に尋ねた。

「ボブはこの決定について何て言ってたんだ？」

若者はシドニーを見つめ、ため息をついてやっとこう言った。

「ボブが言うには、アメリカの店はどこも同じで、自分の店は他とは違うものにしたいって。今は3Gのような新しい技術があるけど、何年かすれば、古い携帯の付属品より新機種の携帯を買おうとする人の方が多くなるっていうのが彼の考え。だから、新しい携帯しか売らないように切り換えた方がいいと思ったたってわけ」

彼はカウンターの後ろに戻り、ガラス張りのカウンターの上にやせこけた肘をつき、手のひらを丸くして、うんざりとした様子でそこに顎を乗せた。

「どうもね」とシドニーはそっけなく言い、ローリーの腕をつかんだまま店の外へ出て、車に戻った。

若者は自分の携帯電話をつかみ、電話番号を押すと、すぐに友達につながった。

「デイブ、ああ俺。もう信じらんないよ。こんなところ我慢できないぜ」

それから間を置いて、

「映画学校に入れると思うか?」

「どこだ、ホリスターは?」

ローリーは車をバックさせてプライス・ストリートに戻ってくると、そう大声で言った。2ブロック進んだ所で、ホリスター・ストリートが見えてきた。ローリーがハンドルを右に回すとすぐに、「ビーチ・セルラー」と書かれたサーフボードぐらいの大きさの木製の携帯電話をかたどった看板が左側に見えた。彼は車を2台の原付自転車と配達のトラックとの間に割り込ませて止め、1人で店の中にさっさと入って行った。今回はどうもシドニーは呼ばれなかったようである。2分後、ローリーは車に戻ってきて、シドニーに向かって携帯電話を揺らし、車にさっと乗り込んだ。

「お茶の子さいさい」と言って、ローリーは携帯電話をカップホルダーに置き、通りへとゆっくり車を戻した。彼はなるべく考えないようにしていたが、空腹な胃が黙ってはいなかった。もう1時。彼はシドニーの考えを聞かずに、ビーチに向かって南へと車を走らせた。歩道に並ぶ小さな店やいろいろな類の旅行者を通り過ぎていくうちに、ウェンデルズ・オーシャン・カフェというのを見つけた。彼は車を止め、シドニーの方を見もしないで言った。

「ここでいいですか?」

シドニーはうなずき、2人は海岸沿いのカフェに向かった。

「店内がよろしいでしょうか、それとも外になさいますか?」と気がない言い方で女主人が尋ねた。明らかに同じ質問を繰り返し行っている影響で、感情が麻痺しているのだろう。ローリーとシドニーはレストラン内を見回し、声を揃えて「外」と答えた。シドニーが光り輝く日差しに誘われたのに対し、ローリーは外のいすにあるふわふわしていそうなクッションに引かれた。女主人は積み上げられたメニューから2部取り出しそれを脇に抱え、2人を連れて混み入ったテーブルの間をすり抜けバーを通って、大きな二重扉からテラスへと出た。テラスには、丸テーブルが12個ぐらいあって、各テーブルにビール会社の広告が入ったパラソルが立てられ、海風に少しパタパタと揺れていた。「ただいま給仕が参りますので」と女主人は言い、メニューをテーブルにドンと落とすように置いたため、そばにあったローリーのナプキンが飛んでしまった。

彼らがメニューを見ていると、50代前半らしき肌の浅黒い、そして日焼け止めを何年もしてこなかったために皮膚がガサガサになっているウェイトレスが近づいてきた。

「何になさいますか?」

シドニーは彼女を見上げ、茶目っ気のある笑みを浮かべて尋ねた。

「ウェンデルズでは何がおいしいんだい?」

「地元の人達に溶け込みたいと思うのなら、ウェン・デルズって発音するんですよ」

と彼女は言いながら、浜辺の方をいぶかしげな目つきで見ていた。彼女の視線の向こうには、どう見ても格好いいとは言えないスピード社の水着を着た、金属探知機を操作している男がいた。

「ウェン・デルズ、こうか? ハンバーガーはどうかな?」

「サン・ルイス・オビスポ郡じゃ、ピカイチですよ」

「じゃ、それを持ってきてくれ。それと、ムースヘッドのビールで一気にそれを流し込もう」

「カナダのラガービールを試してみなくちゃね。そちらは?」

と彼女は注文票とペンをローリーの方へ向けて言った。

「ツナサラダとアイスティーを」

シドニーから怪訝な目で見られたため、いたずらっぽく笑いながら付け加えた。

「若々しい体型を保たなくちゃいけないんでね」

このセリフに、傍観者はどちらも笑わなかった。

ローリーは隣のテーブルからナプキンを探し出してきて、使い古されたフォークとナイフの下にきちんと敷いた。その時シドニーは、いすの背にもたれかかり、深呼吸をして海の空気を吸い込み、顔には午後の暖かな日差しが当たっていた。ローリーはまだ、フォークとナイフがナプキンの真ん中にくるよういじくりまわしながら言った。

「僕は、バッテリーを売っていないあのボブの店のことが理解できませんね。バッテリーを売らない携帯電話の店なんて、聞いたことがない」

シドニーは頭をいすの背にもたれかけさせたまま、返事をした。

「なぜバッテリーを売らなくちゃいけないんだ？」

「だって、携帯電話の店ですよ」とローリーは即行で答えた。

「実際はどの店でも置いているというわけではないさ」

「それじゃ、それが賢明なやり方だと思います？」

「そうとは言っていない」

「だったら、携帯電話の店では何を売ればいいんですか？」

シドニーはコキコキと音が聞こえるほど首を左右に振ってから、返事をした。

「ボブは基本的な戦略の問いの少なくとも1つに対して答えを出したのだと、俺には思えるけどね」

ローリーはその言葉に衝撃を受け、ナプキンの上ですーっと滑らせていたナイフが前の方へ押し出された。彼は返事をしようと口を開けたものの、言葉が出てこなかった。どの質問にボブは答えたというんだ？　ミッションか？　前進させるものか？　創造的なやり方で4つのレンズを使ったのか？

ウェイトレスがテーブルの真ん中にガーリック・ブレッドスティックを入れたバスケットを置き、「どうぞ」とだけ言い、何か返答を待っているかのようにうろうろとしていた。シドニーはブレッドスティックを1本取り、それを高級な葉巻きのように鼻の下に持っていき、豪快に笑った。そして、がぶりと食らいつき、スティックの半分を口の中に入れた。ウェイトレスはすぐ立ち去った。

ローリーはシドニーが言った最後の言葉についてあれこれ考え続け、店での出来事を振り返ってみた。ボブは何の問いに答えたんだろう？　彼は店での会話を思い浮かべているうちに、あの若者の口から出た意外な話に行き着いた。

「ボブが言うには、アメリカの店はどこも同じで、自分の店は他とは違うものにしたいって」

彼はフォークを取って、シドニーにそれを向けた。

「何を売るか、ですよね」

「何のことだ？」

「次の質問ですよ。何を売るかっていうことです」

「ボブ同様、わかってるじゃないか」

とシドニーは冗談めかして言った。

「そう、それが次の質問だ。ミッションや何が自社を前進させるのか、自社はどのような会社なのかということがわかれば、次にどんな製品・サービスを提供するかということについてきちんと考える必要がある」

「そして、それには4つのレンズを使うんですよね?」

シドニーは口の端についたガーリックをふき取り、冷えた生ビールを1口ぐいっと飲んだ。

「そう、その通り。4つのレンズを使えば、何を売るべきかということに関する2つの基本的な質問に答えを出せるだろう」

彼は話をやめ、最後のブレッドスティックをつかんだが、口にする前に2つに折ってその半分をローリーの皿にぽんと投げ入れた。

「ところで、その2つの基本的な質問って、何ですか?」

とローリーは尋ね、もらったブレッドスティックを1口サイズに均等に切った。

「とても簡単なことさ。どんな製品・サービスにもっと重点を置くか、どの製品・サービスにあまり重点を置かないようにするかってことだ」

「ここから先は僕に言わせて下さい」

とローリーは自信あり気に言った。

「まず中心となるものから考え始める。どんな製品・サービスに対して情熱を一番持っているか？　そして、世界中のどこよりもよい製品を自社が生産する能力は何であるのか？」

その時の彼は絶好調で、言葉がすらすらと出てきた。

「次に、自社のテクノロジーに最適なのは、どんな製品・サービスであるのか？　そして最後に、これがもっとも重要かもしれませんが、どの製品・サービスが収益性が高く、成長を促進させるものなのか？」

彼は得意気にアイスティーをごくりと飲んで、背の高いプラスティックのコップをテーブルにドンと置いた。そして、話を続けた。

「これらの質問に全部答えられたら、どの製品・サービスにもっと重点を置くべきか、逆に重点をあまり置かない方がよいのか決めることができます（注2）」

シドニーが返答しようとしていた時に、食事が来てしまった。食事を持ってきたのは日焼けし過ぎたウェイトレスではなく、いかにも客との応対に不慣れなこびへつらうバスボーイで、おそるおそる料理をテーブルの上に置いた。まじめくさった様子で料理を運び終えると、何も言わずにこそこそと立ち去って行った。シドニーとローリーは肩をすくめ、山盛りになった料理をがつがつ食べ始めた。その後は、フォークにナイフ、塩、コショーを求めて手があちこちに動き、ビールやアイスティーをがぶがぶ飲むといったことが続き、とうとう皿は両方共、フットボールの試合がある日曜日のグリーン・ベイ（訳注：フットボールチームのグリーン・ベイ・パッカーズの本拠地。ウィスコンシン州）の街中よりもすっからかんになった。

ローリーはテーブルから少し離れ、足を組んで言った。

「よし。この質問が、製品・サービスに焦点を当てることで前進を図る会社にとって、実に重要だということがわかりました。しかし、それは私達が話していた他の領域の焦点にも当てはまりますよね？」

「どれだ？」

とシドニーが尋ねた。

「これはテストですか？」

それに対しシドニーから何の返事もなかったので、ローリーは本当にそうなんだと思った。彼は目を閉じ、浜辺にやさしく打ち寄せる波の音を聞いていた。その穏やかな音が、遊んでいる子供達の叫び声や「戻ってきなさい、遠くに行き過ぎよ、聞こえてるの？」と必死に叫ぶ母親の声とうまく調和している。やっと彼が口を開いた。

「製品とサービス、顧客と市場、キャパシティと能力、テクノロジー、原材料、それと…」

彼は理解はできていたが、そこから何も出なくなってしまった。何だっけ？　その時、シドニーはいすに座ったまま少し体勢を変え、けばけばしいキース・リチャーズのような指輪に日の光が当たるようにした。ＱＶＣの話を思い出した。

「販売チャネルだ」

とローリーは弱々しく言った。

「君が注意を払ってくれていたことがわかってうれしいよ。その質問は推進する物が何であれ、適用できる。君はここで俺の指輪を見たら思い出すって、気づかずにはいられなかったよ」

彼は空に向かって小指を突き出した。

「君にも買ってやろうか?」

「ああ、おまけに素敵な聖母のタトゥーが指輪にお似合いだよ」

とローリーは内心皮肉っぽく思った。

シドニーはまだ指輪を見つめながらも手をテーブルに戻し、話を続けた。

「とにかく、QVCのような販売チャネルに焦点を当てる企業は、さらに何を売るべきかを決めなければならず、実際それが重要なんだ。顧客や市場で推進を図る『プレイボーイ』とかジョンソン・アンド・ジョンソンなんかも同様だ」

この返事に満足したため、ローリーは話の方向を変えることにした。

「ボブの話に戻しましょう。新機種の携帯電話しか販売しないというのは、いい決断だと思いますか? だって、新しい携帯を買う人はだいたい一緒に付属品も買うでしょ。ケースとか専用のアダプターとか。僕もそうだし」

シドニーはテーブルにさらに寄りかかって言った。

「まず第1に、ボブが質問の1つに答えを出した**ようだ**と言っただろ。でも、彼はおそらく多くのビジネスマンやマネジメントチームがやるようなことを、たまたまやったんだろう。もし俺達が話しているプロセスをすべて彼がやったとしたら、初めに創造的な質問をしていただろうし、その質問のうちいくつかは、顧客が何を求めているかということに関するものだろう。彼がそうしていれば、君が言うように、新機種の携帯電話を購入する客は付属品も買うということに気づいていたかもしれないな」

ローリーがランチとシドニーの言った言葉の両方を消化していた時、浜辺の方から彼らに向かってフリスビーが飛んできた。フリスビーは不安定な動きで回転しながら、シドニーの膝の上にポトンと落ちた。誤って投げてしまったまぬけな奴が浜辺からこちらに近づいてきたため、シドニーはフリスビーをつかみ、振りかぶって力強く投げた。フリスビーはあぜんとしている相手の頭上をピューッと飛び越え、砕ける波頭に乗っていった。彼は座って話を続けた。

「戦略計画の策定は1つのプロセスだよ、ニューマン。断片的にはできない。成果を得るには、すべての段階を踏まなければならない」

間を置いてから、彼は含み笑いをしながらこう付け加えた。

「まあだからおそらく、ボブは真っ昼間から寝てるんだろうな」

（注）

1．www. vaughns-1-pagers. com/local/California-piers.htm による。ピスモ・ビーチの公式サイト（www. pismobeach. org）では約３６５・７６ｍであるが、実際は３８１ｍで18番目である。

2．この重点に関する質問は、以下を参考にした。Michel Robert, *Strategy Pure & Simple II*, New York, McGraw-Hill, 1998.

しかし、同書におけるすべての内容については、多くの著者、研究者および実務家が長年にわたり、さまざまな形で言及してきている。

第15章　ニーチェがグループについて何て言ったか知っているか

1時45分には、ローリーとシドニーは国道101号線に戻っていた。ピスモ・ビーチの波がバックミラーに映り、アロヨ・グランデの丘陵地帯が視界に入ってきた。昼食後の眠気と戦うために、ローリーはシドニーの方を向いたが、シドニーはメールにかなり夢中で、葉巻のような太い指できちょうめんにキーを打とうとしていた。ローリーは携帯電話の充電も終えたことから、これまでの進捗状況を伝えようとハンナに電話をかけることにした。もうすぐ2時になろうというのに、サン・ディエゴに到着するにはまだ500km程あるということを聞いて、彼女はいくぶんがっかりしていたが、それも親戚会の最後の詰めにかかって浮上している山積みの問題に比べれば、大したことではなかった。その中でももっとも厄介なのが、北東部から分家の一団体が参加することが急に決まったことで、準備する側としては非常にうろたえていた。誰が空港に迎えに行くのか？　どこに彼らを泊めるか？　実際彼らを知っている者はいるのか？　ローリーはそのうち、自分がただ「うんうん」と繰り返しているだけだということに気づき、この件に関してはもういいだろうと判断した。彼は「じゃあ、また」と言って、再び運転に集中した。

アロヨ・グランデの南、ニポモへ行く中間地点まで来ていた。この小さな町、ニポモの名前はチュマシュ族の言葉「Nepomah」に由来するもので、丘のふもとという意味である。ある疑問がローリーにしつこくつきまとい始めた。その町に近づき、凧を上げている家族がたくさん見える野原を過ぎたあたりで、その疑問が具体化してきた。「それにしてもなんと途方もない。実際これをやるのか？」とローリーは思った。大きな凧、小さな凧、色もさまざまである。小さな子供達が地上と凧をつなぐ長い白い糸を必死に持ち、凧は午後のさわやかな風に吹かれて上下に揺れ動いていた。この光景にローリーは子供の頃を思い出した。日曜の朝になると、父親に連れられて公園へ行き、腹をすかせたアヒルに白いパンをやり、午後は凧を上昇気流に乗せて夢中で走り回っていた。今から思えば、夢のようである。しかし悲しいことに、大切な思い出の甘美な輝きもあっという間に消されてしまった。しつこくつきまとう疑問が無理矢理彼の頭に入り込んできて、答えを要求するのであった。

「どうやってこれを全部やればいいんだ？」

シドニーは彼に「君ならなんとしても自分の方法を考え出せる」と言い続けた。確かに彼は、戦略計画の策定に関して非常に必要とされる詰め込み授業はしてくれた。それは間違いない。だが、ローリーは突然、どうやってキトリッジ社の面々がそれを行うのか、つまりどうやって実際のプロセスを調整していくかということが気になってしまったのである。シドニーの方を向くと、彼はメールを打ち終え、イヤホンをつけてｉＰｏｄで何か聞いていた。ローリーは手を伸ばして、シドニーの肘のあたりをつついた。

「何を聞いているんですか？」

シドニーは顎を前に突き出し耳に手を当て、「何だ？」と尋ね返す仕草をした。

「何を聞いているんですか？」

とローリーはゆっくりと繰り返した。

シドニーはイヤホンをつけていることに不便さを感じ、ほんの少しいらつきながら、耳からはずして言った。

「ギャリソン・キーラーがパーソナリティを務める『ライターズ・アルマナック』だ」

有名なラジオ番組だが、ご存知だろうか?

「『マクティーグ』を書いたフランク・ノリスと俺の誕生日が同じだとわかったんだよ。君は読んだことあるか?」

「いいえ。ところでシドニー、さっきから考えていたんですが…」

「どうりで、なんとなくあやしい感じがしてた」

「ええ、とにかく、あなたからたくさん素晴らしいアイデアをいただきました。でも…」

彼は少しためらったが、続けた。

「でも、どうやってそれを実行すればいいんでしょうか? つまり、実際どうしたら今までの質問に答えられるのかということです」

「君が何をしているか言ってみろよ」

「どういうことですか?」

「ううん、たとえば、ナパで何をやってきた?」

「よく食べた」というのが、ローリーの頭に最初に浮かんだことだった。とくに、バッファローのステーキが忘れられない印象として残っている。しかし、あえてそれをシドニーに明かす気にはなれなかった。「パインズ・コースを81で回った」。これが次に思い出したことではあったが、非常に小さなグリーンを8番アイアンでとらえたという忘れられないショットのことを、シドニーが聞きたいかと言えば、これもまた疑問である。

「おい、どうなんだ?」

とシドニーは我慢できずに尋ねた。

ローリーはこんな簡単な、しかし重要な質問に答えられないことで不安になった。彼は運転席でそわそわしていたが、それも長くは続かなかった。必死に静めようとしていた鞍ずれの痛みが再発したのである。ナパでの会議を真剣に受け止めていないわけではなかったが、よく考えてみると、楽しい気晴らしに関する記憶ばかりがよみがえるのは、やはり会議に対する失望感があったのだろう。やっと、彼は返事をした。

「私達約15名は、カーソンに雇われた創造的なファシリテーターと3日間、テーブルを囲み、アイデアを生み出そうとしていました」

「何について?」

とシドニーが尋ねた。

「私達の仕事についてです。そのファシリテーターが言うには、悪いアイデアなどない、だからそれはもういろいろなことに触れましたよ。トレッドミルに冷たい飲み物を置くホルダーをつけることから、エリプティカル・マシーン(訳注:楕円形の有酸素運動機器)に動物のような絵を描くこと、また夏の間金曜は半ドンにするということまで、いろいろです」

「それについて、誰が一番話していた？」

ローリーは、ギャング団のボスの告げ口をしようとしている目撃者のように一瞬躊躇したが、うっかり口に出してしまった。

「マークにリック、それとヘザーです。話の90％は、いつも彼らがするんです。かわいそうにメルは、会議が終わった後に僕に素晴らしいアイデアを話してくれるんですが、会議中は横合いから口を差しはさむことができないんです。彼だけじゃない、他の人もそうです。僕はファシリテーターに敵意をむき出しにしてますけど、彼ときたら、ひたすらフリップチャートに何か書き込み続けながら『続けて意見を出して下さい』と言うだけですよ」

「他の人は何も話さなかったのか？」

「少しは話しましたけど、彼らの言うことに対する賛成意見がほとんどです。マークに反対意見を言うのをみんな嫌がっているんです。彼はすぐかっとなる傾向があって、もう悪夢ですよ」

「会議にはどんな資料が出された？」

とシドニーは、イヤホンで完璧な輪を作って指に巻きつけながら尋ねた。ローリーがこのきちょうめんさを見せつけられてびっくりしていると、またシドニーに答えをせかされることになってしまった。

「ニューマン、どんな資料だったんだ？」

「あっ、すみません。そうですね、えっと、去年の財務諸表とそれから…」

彼は間を置き、

「それだけです」と言った。

彼らはその頃、サンタ・バーバラ郡へと入っていた。その郡の最大都市であるサンタ・マリア市を右手に見ながら通り過ぎた。左手には、起状に富んだ丘の斜面を覆っている青々としたブドウ畑の全景が広がっている。シドニーは長い間そののどかな風景をじっと見つめ、そのまま話を始めた。

「それじゃ落第だな、ニューマン。だが、世界中の企業の90%も同様だ。だから、気にするな」

それから彼はローリーの方へ首を傾け、言った。

「ニーチェがグループについて何て言ったか知ってるか?」

またもやローリーから、冗談でしょうといった表情が見られた。シドニーは19世紀の哲学者の言葉をそのまま引用した。

「彼はこう言っている。『狂気は個人においては異例であるが、グループにおいては通例である(注1)』」

ローリーからは依然として何の反応もないため、シドニーは話を進めた。

「どこから話そうか? 簡単にしておこう。会議の前に何をすべきか、そして会議の時に何をすべきかということだ。いいかな?」

「はい」

「じゃ、会議前の方から始めようか。財務諸表だけ用意しても、生産的な戦略の議論は期待できない。まずすべきことは、事前にチームに問題となりそうな資料を配っておくことだ。俺達がエル・マリアッチで話した創造的な質問に戻ろう。覚えてるか？　君の会社の市場、顧客、傾向、テクノロジー、そしてもちろん財務の検討事項に関する質問のことだ。チームと面談し、顧客と話をし、地下鉄に乗り、オフサイト・ミーティングで取り上げる特定の質問を用意するのに使えるファクト・ブックをまとめておく。俺達が話している基本的な質問だ」

「それでは、そのファクト・ブックを会議室で配るんですね？」

「違う！」

とシドニーはガラガラ声を張り上げて、荒々しくどなった。

「事前にみんなに渡しておくんだ。そして、会議の前に必ず読んできてもらえるようにする。うちの会社では、オフサイト・ミーティングをする時には、メンバーが会議室に入ってくる前に、チームのファクト・ブックを俺が個人的に確認している。欄外の注や強調されている一節、ページの隅が折られたところ、彼らが下調べをしてきたという形跡などを探すことにしている」

ローリーがこの厳しそうな措置に信じられないといった様子を見せたのに対し、シドニーはしっかりと話を進めて行った。

「5分前にファクト・ブックをチェックする者もいるかもしれないが、準備不足だということは会議ですぐに露呈する。そして、俺はそうした準備不足を絶対に容赦しない」

威厳を持ってそう言ったシドニーの声は、実際震えていた。

このシドニーの講義は、ローリーが内側の車線をゆっくり走っているスクールバスを追い越したために、一時中断した。そのバスの脇に、「絶対LAに行くぞ、ゲーリー・ユース・サッカー」と書かれた横断幕が見えた。両端をダクトテープで貼られ、激しくパタパタと揺れていた。バスからは子供達の騒ぎ声がとどろき渡り、道路の騒音をかき消す程だった。これには、シドニーの太いバリトンの声さえも圧倒された。1km程走ってやっとこの騒音から逃がれたが、静けさが戻ると、シドニーは次に話す要点に関して、そのバスの一件からよいたとえを思いついた。

「あのバスの中にいると想像してみてくれ。子供達が一度に大声をあげ、注意を引きたくて叫び、各自ばらばらのことを話している。ある意味、君の会社の会議も同じようなもんじゃないのか、ニューマン」

「えっ、なぜですか?」

「君の会社の会議は焦点がはっきりせず、統制がとれていないようだ。おそらく、ファシリテーターが悪いアイデアなど1つもないと言ったから、君らはただ子供のように、最初に頭に浮かんだことをわめきちらしているだけだ。それでは戦略など作成できない。戦略に関する質問に**焦点を当てる**ことで、どんな成果を得たいのかがわかる。だから、君に話している質問は、明らかにつながりがあるんだよ。戦略と質問は互いに依存し合っている。そのため、質問に焦点を当ながら、絶えず具体的な戦略に近づいていくことになる」

「もう少し具体的にお願いできますか」

とローリーは強く求めた。

「そうしたつもりだが。おい、どうしてほしいんだ、俺が会議に出て、指揮をとれと言うのか?」

ローリーはこれについて少し考えてみた。シドニーがどなりながら指令を出す、短いカーゴパンツをはいて会議室を歩き回りながら、彼のバンダナの下の血管が破裂しそうになる、そして、その先に見えるのは、とてもじゃないがついていく気になれない、いや、ついていけないという人達の軟弱な後ろ姿だろう。マークの気に入りそうなビジョンも、シドニーがまた話し始めたことで、宙に浮き止まってしまった。

「よし、わかった。会議の前にファクト・ブックをしっかり読んでおき、会議でそれと4つのレンズを使って議論を活性化し、君に教えた基本的な戦略の質問に対する反応を生み出す。まさしくそれだ」

まだマークのことが頭の中に生々しく残っていたが、ローリーは尋ねた。

「わかりました。でも、たとえあなたの言う質問が適切なものであったとしても、どうやってみんなを巻き込めばいいんでしょう?」

「簡単さ、グループを分割すればいい。大きなグループでブレーンストーミングするのはよくない。君達に起こっていることは、どこでも起きていることでね。少し高い所から見下ろし、えらそうに御託を並べたがるでしゃばりな奴が2、3人はいる。その一方で、有意義なアイデアを持っている、君の仲間のメルビルのような人は、口を閉ざしている。そこで君がすべきことは、もしメンバーが15人だとすれば、1チーム3、4人に分けることだ」

「でも、15は4で割れませんよ」

とローリーはふざけて言ったが、そのニュアンスはシドニーには理解されなかった。

「誰かに融通の利かない奴だと言われたことはないか、ニューマン？　とにかく今言ったように、グループを分けるんだ。3、4人のグループになれば、参加者の社会的規範が働き出して、みんな協力しなくちゃと思うだろう。だから、もっと話をするようになる。さらに、こうすれば1度に1つのアイデアではなく、グループの数だけ、つまり3つや4つのアイデアが生まれる。そして、私の経験では、このくらいの小さなグループは険悪にならずに効果的な論争を行うのに適しているんだ。コンフリクトは協議事項を進めて結果を得るのに必要なものなんだよ（注2）」

「その最後の部分をもう少し詳しく…」

「コンフリクト、これは真の答えに達するのに欠くことのできないものだ。君のチームは、言われたことにほとんどの人が同意すると言っていたよな。大方の人は、同僚の発言に異議を唱える気にはなれない、とくに人前ではね。だが、みんなが自分達の仮定について本当に深く掘り下げて考えるためには、君が反対意見を持たなければならない。そうすれば、彼らは真に自分達の考えを吟味できる。多くの会議が死ぬほど退屈なのは、このコンフリクトがないからだ。俺は会議中に難しい質問をしたり率直に反対意見を述べたりして、ぴりっと刺激を添えるのが好きでね。でも、決して個人攻撃はしない。彼らが思っていることをはっきり述べさせる。彼らに俺を納得させるチャンスを与えているんだ。君の会社のCEOも、そうした会議の雰囲気を作らなくちゃいけない。そして、建設的なコンフリクトはちょっとした研磨材ともなり、よいものだが、決して個人攻撃をしてはならないということをはっきりさせておく必要がある」

ローリーは、ほとんどの会議で非常に多く見られる退屈な要素をコンフリクトが消し去るというシドニーの話の論旨を重点的に、この件についてじっくり考えた。彼はナパの会議を振り返り、若い同僚のカレンのことを思い出していた。あの朝、彼女はまさに若者らしくエネルギッシュで、瞳を輝かせ意気込みを感じさせる表情を見せていた。しかし、時が経つにつれ、とくに昼食後になると、彼女は文字通り表情が暗くなっていった。目はくぼみ、顔ははれぼったく青白かった。たった2、3時間で、彼女はやる気満々の魅力的な若い女性から、容疑者の顔写真のように変身してしまったのである。

「各グループに同じ質問をするのですか、それとも違う質問をするのですか?」

とローリーは尋ねた。その疑問が頭に浮かんだと同時に、次のテーマに速やかに移った。

「いい質問だ、ニューマン。それは君次第だ。各グループに違う質問をぶつけて議論させ、その内容をグループ全体に伝えるようにさせることもできるが、全グループが同じ質問に取り組むのがベストだろう。その場合、最終的に結論を出す前に、共通点と相違点を見つけ出すことができる。それに、そうすれば全員がどの質問にも関与でき、それを自分のものとして受け止めるようになる。そして、君が戦略を成功させたいと思うならば、全員に戦略を自分のものだと思わせる必要がある。ああ、それとグループに関して最後に一言。マークのようなよくしゃべる奴は、全員まとめて同じグループにしてしまうといい。『蝿の王』（訳注：W.Golding の小説）のようにな、面白いぞ」

シドニーの話は、まだよどみなく続いていた。ローリーはぴかぴかのブロンズ色のトヨタカムリを追い越した。40歳くらいの男性が運転をし、その横には60代後半の年配の男性が座っていた。2人共平然とした様子だったが、後部座席では、快活でかくしゃくとした白髪の女性がひっきりなしにしゃべっているように見えた。後部座席にはさらに、そのおしゃべりな女性にそっくりな20歳くらいの女性も座っていた。若い方の女性が満足そうな様子で、窓から下を通り過ぎる高速道路を見つめていた。

シドニーはそのグループをざっと見渡した後、おしゃべりな年配の女性を集中的に見つめながら言った。

「君なら今話していたことをすべてやってのけ、会議を改善し、素晴らしい戦略を作成して成功者となれるよ。CEOの義母だってやっつけられるさ」

「なんですって?」

とローリーはびっくりして言った。

「デンマークの調査で、企業の収益性はＣＥＯの義理の母親が亡くなった後２年間、平均７％近く上がることがわかったんだ（注3）」

「そう言えば**僕**はね、義理のお母さんから変わっているねとよく言われていたんですよ、シドニー」

「人の見方はそれぞれさ」

（注）

1. James Surowiecki, *The Wisdom of Crowds*, New York, Doubleday, 2004, p.xv.
2. このシドニーのアイデアに関しては以下を参照のこと。Kevin P. Coyne, Patricia Gorman Clifford, and Renee Dye, "Breakthrough Thinking from Inside the Box," *Harvard Business Review*, December, 2007, pp.71-78.
3. Mark Maremont, "Scholars Link Success of Firms so Lives of CEOs," *The Wall Street Journal*, September 5, 2007.

第16章　いいぞ、「サイドウェイズ」

「なかなか順調に進んでいるな」とローリーは確信した。彼らは勢いよくロス・アラモスを通過した。そこから国道101号線はブエルトンに行く途中、南に大きく蛇行している。以前ローリーの見たところでは、景色は美しさを増し、絶景と言うべき実に息をのむほどの素晴らしいものへと変わっていくのだった。彼はそこを走り過ぎながら、景色に目をやり、なぜここはいつもこんなに強烈な印象があるのだろうと思った。そしてやっと、それがコントラストのせいだという結論に至った。ごつごつしたブドウの木から伸びた葉の茂る緑色のつる、サンタ・イネスの山々に光と影が互いに織り成すコントラスト、ある所は輝く日の光を浴び、またある所は暗く深い溝ができている。そして、101号線のさらに北へ矢のように真っすぐ伸びた長いアスファルトの道に対して、南へ曲線を描く道。ロス・アラモスからガヴィオータにかけて、ここは単に車を進めるのではなく、楽しんで運転せずにはいられない所である。ローリーはここが気に入っていた。車がカーブに沿って走る時、彼の指はハンドルをしっかりと握りしめ、たとえそれが挑戦的な仕事であっても、喜びを感じられるものに没頭する時に人が感じる心地よい緊張感が、体中に走っていた。

ひたすら運転のことで彼の頭はいっぱいだったため、101号線と246号線との交差点で、シドニーがこれまでの彼とは違って抑えた感じで「ここを曲がって、ここ、ここだ！」と叫んだ時、ローリーは不意をつかれた。ローリーはその抑えぎみの叫びに反応し、ハンドルを右にぐいっときり、車を出口車線に急いで移動させた。前方50m足らずの所で赤信号が見えたが、その時までスピードメーターは時速約１００㎞を示していた。彼が急ブレーキをかけたため、車は右側へそれて行き、巨大なＲＶ車の後ろに描かれた、草を食べているガゼルの絵からあと数センチという所でようやく止まった。

急停車により車が揺れたため、シドニーは座席で体をくねらせ、前の巨大なＲＶ車を追い越し、前から見てやりたいという気になった。それから、信号が青になり、ローリーが少しずつ車を前進させると、相手が初めてこちらに気づいた様子が見えた。そしてＲＶ車がのろのろと曲がっていく時、眠そうな男の姿があらわとなり、シドニーが怒った様子で「おい！」と興奮気味に身ぶりで示した。

ローリーは交差点を渡りながらほほえんだ。そして、緩やかな坂を下り、ブエルトン・デイズ・イン・モーテルの駐車場へと入って行った。そこの目印となっている風車がゆっくりと回っていた。彼は受付を通り過ぎ、さらに敷地の奥へと進んだ。一方シドニーは、ズボンのポケットを一生懸命叩いて、「ああ、あのカメラはどこに行ったんだ！」と叫んでいた。

「それはそうと、『サイドウェイズ』、好きだったんですね」

とローリーがからかうように言った。『サイドウェイズ』とは２００５年の映画で、結婚を控えた１人の男が友達と２人で、ワインカントリーを車で旅する話である。映画の何シーンかが、まさにこのホテルで撮られたのである。ローリーはその映画があまり好きではなく、シドニーがそんなセンチメンタルな作品を好んでいようとは驚きだった。

「馬鹿なこと言うなよ。『フロム・ダスク・ティル・ドーン』とか『プラネット・テラー』とか、ロバート・ロドリゲスものなら何でも好きだが、なんで『サイドウェイズ』なんだ？　冗談じゃないよ」

彼は間を置いてから付け加えた。

「俺の友達があの映画に出てくるようなあんな意気地なしのマイルスみたいな奴だったら、ここからサンタ・バーバラまで蹴飛ばしているところだ」

「それならなぜ、ここへ来るのに出口車線であんなに無謀な行為を僕にさせたんですか？」

「彼女があの映画、好きなんだ。３回も観たんだ。無理矢理俺も連れて行かれてさ。それでわくわくしながらきゃっきゃっと声をあげて喜んでいるよ、毎回ね。もし俺がここに寄ったのに写真の１枚も撮らなかったなんて彼女が知ったら、とんでもないことになる」

ローリーは納得できなかった。

「わかりました。話を整理させて下さい。あなたはその映画を３回観た。主人公の１人のやる気のなさについてもコメントできる。なのにあなたはその映画が嫌い。では、そんなに嫌いなら、どうしてこのホテルの場所を正確に知っているんですか？」

「う〜ん、常識ってやつさ、ニューマン。くそっ！　カメラはどこだ？」

彼はまだポケットの中を探し続けていたが、なくしたカメラを見つけることはできなかった。

「携帯で撮れるだろう」と彼は不満気に言って車から降り、建物の２階の方をぼーっと見上げた。

それから携帯電話を持ち上げ、２階のドアの方へ向けた。「部屋は何号室だったかな？」と彼が大声で言うと、２０４号室からメイドが現れ、２階からこちらを見下ろしたが、自分の仕事をまた続けた。明らかに、映画が公開されてからこの小さなホテルに注目が集まっていることに慣れている様子だった。

「２階へ上がったらどうです、僕が撮りますよ」とローリーは言った。シドニーはためらうことなく、２階へと階段を駆け上がっていった。それはまるで休み時間に校庭に元気よく飛び出す10歳の子供のようだった。２階に到着すると、彼は廊下をうろつき始め、まだ映画に出てくる部屋を探し続け、写真を撮るのに最高のアングルはどの辺か探っていた。そしてついに、彼は２０６号室の前で立ち止まり、右足を木の手すりに乗せ、カタログに載っているようなポーズを取った。ローリーが何枚か写真を撮ると、シドニーは「オーケー、もういいよ」と大声で言い、階段をドスンドスンと音を立てて下りてきた。

ローリーから携帯電話をひったくるようにして取り、撮れた自分の写真を見ながら、しかめっ面をしたり気取った笑い方をしてみたり、中途半端な笑みを浮かべたりしていた。車に戻ろうとしていた時、彼はまるで聖なる地であるかのように、ある地点で突然足を止めて言った。

「ここはまさに、ステファニーがジャックをバイクのヘルメットでなぐった場所だ。彼が彼女を怒らせたんだ」

彼はそのシーンを思い浮かべてくすくす笑ったかと思うと、急に殊勝な様子で付け加えた。

「しかし、自業自得だ」

この2番目の論評だけでローリーには十分だった。彼はとがめるように言った。

「結局、あなたも彼女と同じくらいその映画が好きだって認めたらどうです?」

「君はどう思った、ロジャー・エバート(訳注:映画評論家)?」

「今僕のことを話しているんじゃないんですが、聞かれたから答えますけど、僕はあまり好きではありませんね。それにしても、どうして好きだと認めようとはしないんですか? 別に悪いことじゃないでしょ。結局、アカデミー賞(訳注:最優秀脚本賞)だって獲ったんだし」

シドニーは助手席のドアをぐいっと開け、体をかがめ始めようとしたがさっと元に戻って、ドアの方へ向かって歩いてくるローリーの方を見た。「これには戦略の教訓が隠されているんだぞ」と彼はこっそり言った。ローリーが横目でちらりと見ると、シドニーの目にいたずらっぽい輝きが見えた。そして返事をした。

「そんなに目を輝かせて画策して、僕の気をそらせると思っているんですか?」

「出発しよう。そうしたら話すよ」

ローリーは光沢のある屋根越しにほほえんだが、シドニーはすでに頭をひょいとひっこめ車に乗り込み、旅が再開するのをじっと待っていた。

緩やかに2回右折した後、2人は101号線に戻り南へ向かった。ローリーは少しの間、他にも戦略の教訓があるという可能性をシドニーがちらつかせていることを忘れていた。101号線と246号線をまた間違えてしまうおそれがあるため、そっちに気を取られていたのである。246号線をほんの数km東へ行けば、ソルバングの街に着く。その魅力的な街は、1911年にデンマークの教育者のグループによって創設された所である。彼らはそれ以前と同様その後も、よりよい気候を求めてカリフォルニアへ通じる道を作ったグループである(注1)。まさに今日に至るまで、彼らが遺した文化遺産は大事に保護されている。デンマークのレストラン、デンマークの店、どこへ行ってもデンマークの建築物が観光客を迎えてくれる。ハンナは作家であるハンス・クリスチャン・アンダーソンに魅せられて成長し、2人でソルバングへ旅するたびに、彼の銅像の下で写真を撮ることにしていた。ローリーは、銅像の影に立ってソルバングから電話をかければ、ハンナを少し喜ばせることができるだろうと思わずにはいられなかった。

しかし、そこへ行くにはもう遅すぎた。ジムに報告書を提出しなければならないという差し迫った問題が再燃してきた。彼らは大きなカーブを描く道を走っていた。その道の両側には低木が生い茂っているため、前方が狭まっているように見えた。ローリーは皮肉っぽく言った。

「それはそうと、どうしても知りたいんですが、『サイドウェイズ』と戦略ってどんな関係があるんですか?」

「君はその映画、好きだっけ?」

シドニーは駐車場でさっき言ったことをもう1度引き合いに出した。

「違うって言いましたよね、好きじゃないです」

「彼女は好きで、それを観て…」

「3回もでしょ。知ってますよ」

とローリーが口をはさんだ。

「そうだ。彼女は好きで、君は好きじゃないと言う、それで?」

シドニーは携帯電話で撮った低解像度の写真をしげしげと見つめ続けたまま、そう尋ねた。

「それでって、それが映画でしょ。全員が同じ映画を好きになるとは限らないですよね」

「近くなってきたな」

「えっ、4人組のあのゲーム?」とローリーは思った。彼はこのつまらない「近い/遠いゲーム」(訳注:映画『ファニーゲームU.S.A』に出てくる4人で行うゲーム)が嫌いだったが、ローリーがことさら異議を唱えたところで、シドニーがやめそうにないことがわかっていた。そして、ついに彼は言った。

「好みですよ、それは好みの問題です」

シドニーは携帯電話を下して、古い映画カメラをローリーにまっすぐ向けて撮影する真似をした。

「映画を製作する時、誰もがそれを気に入ってくれると期待していると思うか、ニューマン?」

「そう期待したいのはやまやまですが、違いますよね。もちろん、違います。彼らは観…」

ローリーは頭に浮かび上がってきた次の教訓が速やかに具体化してきたため、そこで話を止めた。

「観客だ。彼らの頭の中には最初からターゲットとする観客がいたんだ」

シドニーは黙ったまま、ハンドルが回るのを見ていた。

「そうか、あなたはターゲットとする顧客の選択について話しているんですね、そうですよね?」

とローリーは言って、頭の中で戦略に関する一連のつながりを思い起こした。ミッション、それから企業と自分自身を前進させる推進力、それと何を売るか、そして今の、誰に売るかということだ。この段階的な進展に意味があり、論理的に考えて次につながりを持つのが顧客である。彼が確認を取りたくてシドニーの方をちらっと見ると、シドニーは座席で姿勢を正し、王のように頭を後ろにそらしていた。シドニーの口が開き、話が始まろうとする時に、「来るぞ、次のうんちくが…」という考えが頭の中を駆け巡り、ローリーは身震いした。

「俺は君に、絶対確実な成功の公式など教えることはできないが、失敗する公式なら教えてやれる。いつでもみんなを喜ばせようとすることだ」

シドニーは無精ひげがぼうぼうと生えた顎を得意気に傾けて、話を終わらせた。

「それはシェークスピアやドイツの将軍の言葉ではないみたいですね。シドニー・ワイズのオリジナルですか?」

と安心したかのようにローリーが尋ねた。

「ああ、ニューマン」

シドニーは心からくすくす笑ったので、ローリーはしかめっ面になった。

「嫌な奴だな」

シドニーの笑いがおさまると、話が続けられた。

「違うよ。でも、まさに最初にピューリッツァー賞をもらった人の言葉を俺の言葉だと思ってくれてどうも。さっきのはシドニー・ワイズではなく、ハーバート・ベイヤード・スウォープの言葉だ（注2）」

ローリーは車を路肩側に傾け、その気取った同乗者をドアに叩きつけたい気持ちを抑えるのがやっとだった。悪事を働こうとする時、なんて頭の回転が早くなることか、まったく驚きである。彼はすべて計画済みである。「おっと、すみません。ウサギをよけようと急ハンドルをきらなくちゃならなかったんです」と言えばいい。あるいは、ジェームズ・ボンドのように助手席を放り出すボタンさえあればいいんだが。シドニーが宙に投げ出され、何百mもの高さから落下していくのが目に見えるようだ。しかし幸いにも、分別盛りのローリーは、自分の知力に対するシドニーからの痛烈な皮肉まじりの言葉を堂々と受け入れ、目下のテーマに戻ることができた。

「あなたの言うこと、つまりハーバートの言ったことは正しいですね。誰にも気に入られるようにするなんてできません。対象となる顧客に集中すべきですよね」

「ところで、キトリッジ社ではどうやっている?」

「わが社では、競合他社の分析をたくさん行い、利用できそうなギャップを探します」

「ああ」

とシドニーは明らかに失望したように答えた。

「何ですか?」

とローリーは強い調子で尋ねた。

「じゃ、最初に競合他社に目を向けるんだな?」

「そうですよ。競合他社の分析なんて当てにならないとでも言うんですか?」

「君はアマゾンから本を購入したことはあるか、ニューマン?」

よく見ると、ローリーの目玉から軽蔑という小さなロケットが発射されるのが見えるようである。「どうしてこの男はきちんとした返事ができないんだろ?!」とローリーは思った。しかし、シドニーはこのゲームのルールをうまく画策しているため、ローリーはいつも通りそれに協力した。

「ええ何度も」

「アマゾンのCEOを知っているか?」

「確か、ジェフ…ジェフ、そうだ、ジェフ・ベゾス」

「そうだ。彼は、この議論にぴったり当てはまると思われる偉大な哲学を持っている。彼がいつもチームに言っていることは、気にかけなくてはならないのは顧客であって、競合他社ではないということだ。なぜかわかるか？」

「なぜですか？」

とローリーはおとなしく従った。

「なぜなら、顧客は金を払ってくれるが、競合他社は金をくれるわけではないからだ(注3)」

ローリーは、砂をふるいにかけるように、言われた言葉を吟味し、シドニーのアドバイスの中で貴重な考えを探した。ローリーもその基本的な考えには共感したが、あまりにも単純で、熾烈な競争をしている現代のビジネスシーンにはあまり現実的ではないように思われた。ローリーが懸念を抱いていることに気づいたかのように、シドニーは言った。

「いいか、それが単純過ぎて現実味がないように思えるのはわかるが、考えてみろ。まず最初に競合他社に焦点を当てると、どうなる？　実はこうなるんだ。やがて他社の真似をし始め、次に他社が君の会社を真似し、市場のすべての競合企業が既存の最後の需要を追い求め、最終的にはどの企業も利益が減少するというゼロサムゲームになってしまう」

「それでは、競合他社に注意を払うべきではないというお考えですか？」

「注意を払うということと、焦点を当てるということでは、グランド・キャニオンぐらい大きな違いがあるんだ」

グランド・キャニオンと聞いて、ローリーは自分達のルートに注意を引き戻された。ガヴィオータ峠から狭い峡谷へと下っていくと、太陽がすっぽり覆われ、彼らは突然暗闇の中へ入って行った。北へ向かう101号線で西の方へ行くと、130m程のガヴィオータ・トンネルを通ることになる。そのトンネルは、2人が議論するきっかけとなった映画『サイドウェイズ』の中でも出てきた有名な場所である。ローリーはすぐそのことを思い出した。

「俺の言っていることがわかるか、ニューマン?」

2人はとりわけ険しいごつごつとした峡谷の岩壁付近を走っていた。その壁は、道路に岩石が滑り落ちてくるのを防ぐために、網で覆われている。ローリーはゆっくりと会話に戻って行った。

「ということは、競合他社に注意を払うにしても、そこばかりに集中すべきではないということですね?」

「その…通り」とシドニーはよくわからないアクセントをつけて言った。

「競合他社の年次報告書を読み、ニュース・リポートを聞く、常に産業団体が言っていることに耳を傾けることだ、しっかりと。しかし、競合他社の動向にばかり気を取られて、本当に大事な人達から目を離しては絶対にいけない。なんと言っても、金を払ってくれるのは顧客なんだからし」

車が峡谷の狭い道を抜け出た時、会話は中断した。2人の前には、きらきらと光るとてつもなく大きなブルーのブランケットのように、壮大な太平洋が広がっていた。「あれを見ろよ」とシドニーは畏敬の念を持ってささやいた。彼らは神秘的なカリフォルニアの太陽に照らされて輝く広大なパノラマをじっと見つめていた。

101号線は左に大きくカーブしており、ベントゥーラまでの約100㎞はほぼ砂地の海岸線が続く。午後3時を過ぎたというのに、窓は日が当たってすぐ熱くなり、シドニーはあわてて腕を窓から離した。ローリーはサンバイザーを調整するのに、ほんの一瞬道路から注意をそらした。するとその時、かもめがフロントガラスめがけて急降下してきた。シドニーとあわてたローリーは座席でのけぞった。その様は、3D映画で怪物の顎が飛び出てくるのを観た時のようである。

シドニーは、気まぐれなかもめの行く方を目で追いながら言った。

「ここは名前の通りだな」

ローリーは、シドニーが何を言っているのかさっぱりわからないまま、「ええ」と答えた。彼はシドニーのガヴィオータの起源に関する講義が始まらないうちに、シドニーを顧客の話題に戻すように仕向けることにした。

「わかりました。まず顧客に焦点を当てる。それで、これは製品・サービスと同じ考えですか？どの顧客により重点を置くか、どの顧客に重点をあまり置かないようにするかを判断する。そして4つのレンズを使うんですよね？」

「ああ、同じやり方だ。しかし、それを行うためには、顧客を真に理解することから始めなければならない。君は顧客を理解できているかと思うか、ニューマン？」

政治家の候補者のように、ローリーはその質問にすぐには答えないことにしたが、その代わりこう言った。

「地下鉄の話に戻りますが、つまり顧客の視点から物事を経験してみるってことですよね？」

あのかもめの姿が見えなくなっていた。数km後方の浜辺にいた他のかもめの群れに合流していたのである。次にシドニーの視線は、波に乗ろうとしてもなかなかうまくいかない不器用そうな数人のサーファーに釘付けになっていた。ローリーの方を見もせずに、彼は言った。

「わかったようだな」

彼は、サーファーの1人が砕ける波にぶざまにひっくり返る姿を見て大声で笑い、それから話を続けた。

「ここに来るまでの飛行機の中で、客室乗務員がバタバタと仕事をしている間に珍しく集中できる時間があってね、ある記事を読んだんだが、『われわれは顧客を理解している』という記述に同意できると答えたのは、マネジメント・チームの25％以下だということだ(注4)。これはかなり驚くべきことだ」

「あなたはそれが基本であると考えているんですよね」

とローリーは言った。

「君だって、そう考えているだろ？」

「ところで、どうすればそんな状態を克服できるんですかね？　現場へ出掛けていくことや顧客の視点から物事を経験することの他に何をすればいいんでしょうか？」

「調査だな。質問をしてみることだ。顧客の収益性、マーケット・シェア、維持力、満足度、ロイヤルティなどの基本的事項を調べる。だが、それで終わりにしてはいけない。いろいろな質問をしてみるんだ。たとえば、どの顧客のニーズがもっとも急速に変化しているのか、またそれはなぜか？　そのニーズの移り変わりに自社の方向性は合っているんだろうか？　あるいは、自社の製品を驚く程大量に使用しているのはどんな顧客なのか？　うん、これはいい質問だな」

とシドニーはご満悦な様子で言い、さらに話を続けた。

「そういった質問に答えることは、特定の顧客に焦点を当てるのに役立つばかりか、新天地で販売を展開したり、まったく新しい事業に着手することにつながる場合がある。レイ・クロックがそのいい例だ。彼のことを知っているよな、ニューマン？」

今回は答える態度が整っていた。ビッグ・マックはローリーの秘かな楽しみであり、クロックが、マクドナルドをサン・バーナーディノにある単なる一レストランから世界的なファーストフードの巨大企業へと成長させた責任者であることを、彼は知っていたのである。

「ええ、知っていますよ。マクドナルドの…」

とローリーは言いかけ、ビッグ・マックのことを考えただけで、口の中が条件反射でパブロフの犬状態になってきた。

残念なことに、シドニーからそれを認める返事はいっさいなく、彼はローリーが中断したところから話を続けるだけだった。

「ハンバーガー王となり、俺の好きな野球チームのオーナー（訳注：1974年からパドレスのオーナー）になる前、クロックはミルクセーキの機械を売っていたんだ。その時、カリフォルニアにいた2人の兄弟があまりにもたくさんの機械を購入していくので、彼はどうしてなんだろうと不思議に思っていた。それがきっかけとなって彼は西海岸側へ行き、後は一般に言われている通りの歴史だ。だから、驚く程大量に自社の製品を使っているのは誰なのかと問うことで、おいしい成果が生まれることもあるんだよ」

「おいしい…ビッグ・マック…」

ローリーはすぐに話題を変える必要があった。

「その他にすべき質問って、ありますか？」

と彼は口走った。

「ああ、常に顧客以外の人にも目を向けることだ。なんと言っても顧客より顧客じゃない人の方が多いんだから。自社の事業が対応しないことにしたのはどのグループか、またその理由は何なのか？　そして、今誰が自社の製品・サービスを使っていないか？　それは調整可能なのか？」

その概念にローリーはたちまち心を打たれた。道路の左側にぽつんとある電線から右側の海岸沿いにあるヤマヨモギまで目をやりつつも、彼の視界からは前方の道路が消えていた。これは明らかに、またカー・コマに陥っていた。ローリーはその概念をどのように理解していくのか。素晴らしいモミの木、それはクリスマスにロックフェラー・センターを飾るのに最高の木というところから連鎖反応が始まり、答えに結びついていくのであった。モミの木から松の木、そしてナパにあるパインズ・ゴルフコースへ、そこから一般的なゴルフに行き、ゴルフクラブのメーカーであるキャロウェイへとつながった。彼はプロのゴルファーから、キャロウェイはゴルフをあまりやらない人を引き込むために、ビッグ・バーサというドライバーを開発したということを聞いたのを思い出した。キャロウェイは、ほんのわずかずつしか上達しないにもかかわらず、ボールを打つのに必要なスキルのレベルアップに挑まなければならないことにおじけづいている人が多いと、正しく推測したのである。外で1打ごとに10ヤードぐらいボールを飛ばしたところで、午後のひとときを楽しく過ごすことはできない。そこで、キャロウェイは、ヘッドが大きいという特徴を持たせたビッグ・バーサを開発し、比較的簡単にボールを飛ばすことができるようにして、ビギナーを引き込んだのである(注5)。

カー・コマの不思議な力でローリーはしっかりと運転していたが、魔法に魅了され空想の世界へと入っていった。キャロウェイのビッグ・バーサからマスターズが開催されるオーガスタ・ナショナル・ゴルフクラブへと彼の想像が移っていく。彼は12番ホールのグリーンの真ん中に、7番アイアンで完璧なショットを打ち、かもめの観客達がますます甲高い声を出して喜んでいる、そんな様子が目に浮かぶ。そこからマクドナルドのビッグ・マックへとつながっていく。

彼は1かごのゴルフボールを打ち、ハンバーガーをがつがつ食べたいというものすごい欲求に駆られて朦朧としていた状態から、現実の世界へと戻ってきた。道の片側はごつごつとした丘で、もう一方の側には広大な海が広がっており、1番目のゴルフボールを打ちたいという欲求を満たすことなど、まったく不可能であった。しかし、ここから先にはガソリンスタンドやスナックを売っている店があるため、２番目のハンバーガーに関する欲求は満たされるかもしれないのであった。

（注）

1．ソルバングの起源に関する情報、とくにデンマークの教育者については、wikidpedia.org, entry for Solvang, California から引用した。

2．ハーバート・ベイヤー・スウォープの言葉は、以下の文献から引用した。Timothy Ferris, *The 4-Hour Workweek*, New York, Crown Publishers, 2007, p.29.

3．Julia Kirby and Thomas A. Stewart, "The International Yes," *Harvard Business Review*, October, 2007, pp.74-82.　この論文中で、ベゾスは彼自身から部下まですべての人々がサービス・センターで作業を行い、また2年に1度、カスタマー・サービスを担当しなければならないと述べている。

4．Chris Zook, "Finding Your Next Core Business," *Harvard Business Review*, April, 2007, pp.66-75.

5．ビッグ・バーサに関する話は、以下から引用した。W. Chan Kim and Renee Mauborgne, *Blue Ocean Strategy*, Boston, Harvard Business School Press, 2005, p.102.（有賀裕子訳『ブルー・オーシャン戦略』ランダムハウス講談社、２００５）

第17章　砂浜での解決策

「ちょっと車を止めますね」とローリーは言って、右にウィンカーを出し、出口の方へ進もうとした。

「どうした?」

とシドニーが尋ねた。

ローリーはガソリンの減り具合がずっと気になっていて、計器の表示画面をちらちら見ていた。そうしているうちに航続可能距離が表示された。しかし、コンピューターによれば、まだ車のガソリンタンクには160km程走行可能なガソリンが残っており、ガソリンを言い訳にするわけにはいかなかった。

「何か軽く食べておかないと。それにガソリンも満タンにしておきたいし。そうすれば、サン・ディエゴまで大丈夫でしょう」

「もうちょっと待てないのか? サンタ・バーバラまであと少しだぞ。あそこは俺の好きな場所なんだ」

サンタ・バーバラまであと10km程だった。ローリーは軽食を取りたい気持ちを抑えてシドニーの意見に従い、タイヤの音を立てながら高速道路を進んで行った。

数分後、彼らは101号線を進みサンタ・バーバラに入り、ホリスター・アベニュー、ストローク・ロードを抜け、ロス・カルネロス付近に到着した。ローリーはシドニーからの合図を待った。ここはシドニーの好きな場所であるため、きっと寄る店を選んでくれるだろうと思ったのである。えっ、違ったのか？　フェアビュー・アベニューを通り過ぎ、パターソン・アベニューにもバックミラー越しに別れを告げた。それからすぐに、ターンパイク・ロードとステート・ストリートへと続く。シドニーはローリーの方をまったく見ようとしなかった。101号線は右にカーブし、車はラス・パルマス、そしてラス・ポジータスを通過した。ウエスト・ミッションが見えても、シドニーからはまだ何も合図がなかった。ウエスト・ミッションを過ぎると道はまっすぐになり、すぐにウエスト・キャリーロに近づく。容赦なくローリーの忍耐力は試されていた。

「シドニーはどこかに寄ろうとしていることを忘れてしまったのだろうか？　サンタ・バーバラの記憶は消し去られてしまったのか？」

そしてついに、シドニーは簡単に右手で合図をしながら低い声で言った。

「カスティーヨに行こう」

ローリーはまたため息をつきたい感じだった。

「今ここで？」

ローリーは高速の出口ぎりぎりの所まで来ていたため、いらついて言った。シドニーは右手の親指で合図し、ローリーはその方向へ車を進めた。車がゆっくりとクリフ・ドライブを抜けると、「そこだ」とシドニーが言い、小さなひなびた建物の方を指差した。まるでちょうど古い西部劇のセットから抜け出たような建物である。概観は白漆喰塗りで、建物の木製の日よけはがたが来ており、古ぼけた2本の梁で支えられている。そして、その日よけの前には実際に馬をつなぐ杭があった。タンブルウィード（訳注：枯れると根から折れて風に吹き散らされる雑草、西部劇によく出てくる）が玄関前をころころと転がっていたとしても、ローリーは驚きはしなかっただろう。彼は道路脇に車を止め、この不思議な光景を見たくて助手席の窓の方へ首を伸ばした。その付近にはセブン・イレブンやアーコのガソリンスタンドがあることから、その景色はいっそう異質なものに思われた。ローリーは視線を、古臭い玄関の入口から日よけに、そして「ジョード・コーヒー・エンポーリアム」と書かれた長方形の古めかしい看板へと移した。

「ここのコーヒーとアップル・シュトルーデル（訳注：リンゴをごく薄い生地に巻いて焼いた菓子）は南カリフォルニアでは一番なんだ」

とシドニーは自慢気に言いながら車を離れ、凱旋した英雄のように堂々とした様子で玄関の中へ入って行った。

昔のテレビシリーズ「チアーズ」に出てくるバーの常連達が、大酒飲みのノーム・ピーターソンが扉から急に現れた時にやっていたように、2人が中に入ってきた時、いっせいに「シドニー！」という掛け声で迎えられるのではないかと、ローリーは心のどこかで期待している部分があった。しかし、少なくとも今回の場合、そのようなことは何も起こらなかった。ローリーが見たところでは、何の変哲もない小さなコーヒー・ショップだった。店内はウェスタン調にはなっておらず、2つの大きな革のソファと肘掛けいすが少し置いてあるだけだった。そのいすの

1つを、白い足の大きなぶち猫が占拠しており、満ち足りた様子で丸くなってぐっすりと眠っている。カウンターの上には、コーヒーに関する格言がいろいろ手書きされている。「豆で人生をつかめ」「より深みが出るのは、チョコレート、男、そしてコーヒー」といった具合である。

カウンターの方へ歩いて行くと、ローリーが本当に欲しいものかどうか気にも留めずに、シドニーが「これをおごるよ、ニューマン」と言った。

ローリーはまだ鞍ずれがうずいており、ソファの隣に空いているいすにそっと座り込み、くしゃくしゃになったオートバイの雑誌『Biking』を手に取った。レストランには低音の単調な音楽が流れ、眠気を誘った。彼はクロス・カントリー・バイクに出掛ける準備方法に関する記事に目を留めた。2ページ目を読んでいた時、シドニーは熱々のコーヒーが入った大きなカップと温かいアップル・シュトルーデルを持ちながら、ローリーの左肩を肘で軽くつついた。シドニーがいすをローリーの隣に引っ張ってきて、2人で食べ始めた。ローリーがシュトルーデルを一口大きくかじった時、ソファの方から興味深い質問がされているのが聞こえてきた。

20代後半の2人の男は、両者共ボタンダウンのシャツを着てカーキ色のズボンをはいていたが、それはローリーの顧客の制服だった。彼らは足を組んで座り、エスプレッソをすすっていた。そのうちの1人が相手にこう尋ねた。

「人生にチャレンジするためには、何をする？」

質問された方は、たわい無い雑談から急に人生哲学に関する話題に移ったことに明らかに不意

た。

「人生にチャレンジするには、君なら何をするかって聞いたんだよ」と最初の男が質問を迫った。

「えっ？」

をつかれ、言った。

「朝起きて、仕事に行く、支払いもするだろ。そんな毎日の中で、人生にチャレンジするには、何をするかだよ」

ローリーは膝の上に敷いたナプキンに食べかけのシュトルーデルをそっと置き、コーヒーを一口飲んだ。彼はこの面白い質問に対してどんな答えが返ってくるのか、食べている音で聞こえなくなるようなことはしたくなかったのである。彼は答えを待ちながら、これはよい質問、いや素晴らしい質問だと思った。それに対する答えは１００万通りもあるだろう。おそらく質問を受けた男は、「ジーンズの歴史の決定版とも言えるものを編集するんだ」とか、「サルにギターのひき方を教えたい」、あるいは「18世紀の伝統的なロシアの詩を全部翻訳する予定だ。ちょっと嘆かわしいところもあるんだけどね」など、何でもありだ！　ローリーは答えを聞こうと体を傾けていると、ついに男が一呼吸し、納得した様子でため息をついたが、それは間違いなく彼が真剣に自己を見つめたことからもれたため息である。彼はこう答えた。

「僕はビジネス・スクールに戻りたい」

ローリーはこの返事を聞いて全身が引きつり、残しておいた食べかけのシュトルーデルを床にべしゃっと落としてしまった。2人の男が肩越しにローリーを睨みつけた。ローリーは「つかみにくくって、これ」と言って、社交辞令的にほほえんだ。彼らがまた背を向けると、ローリーは1人で批判し始めた。

「ビジネス・スクールへ戻るだと？　懸命に考えた末に思いついたのが、それか？　この男の人生はなかなか順調そうだ。若くてかっこよくて、知性もありそうで、さっき聞こえてきた会話からは仕事にも恵まれているようだ」

ローリーはビジネス・スクールに反対しているわけではなかった。ただし、当然マークのような連中を量産してしまうようなビジネス・スクールは別である。しかし、人生の重大事に対する答えが「ビジネス・スクールに戻る」とは、不機嫌そうな店員が床に落ちたシュトルーデルをモップで片づけていることよりも彼を白けさせた。

シドニーがシュトルーデルの最後の一口をぱくっと口に入れ、満足そうに「う〜ん」と言いながら食べ終えるのを見て、ローリーの顔はあわれな子犬のような表情を呈していた。それからシドニーは、少なくとも彼にしては上品な感じで、口の両端をナプキンで拭いて言った。

「ビーチに行こう」

時計を見ると午後4時になっていたため、ローリーは「いいえ、先を急いだ方がいいですよ」と言った。

「まあいいじゃないか、5分だけだ。4つある戦略の質問の最後の1つを君に話しておきたいしね」

彼らは車に戻り、カスティーロを南に向かっていた。すると、シドニーがショアライン・ドライブを右折するよう、ローリーに指示を出した。ちょうどサンタ・バーバラ・シティ大学のフットボール競技場を過ぎたあたりで、シドニーが「ここで止めてくれ」と言った。まじめくさった表情のシドニーが通りを渡り、ブーツと靴下を脱いで足をレッドベター・ビーチの気持ちのよい砂の中に沈めた時には、ほほえみを浮かべていた。ローリーも果敢に後をついて裸足で砂浜を歩いていったが、鞍ずれの痛みと相まって奇妙な足どりになった。痛みを感じながらも何歩か進んでいくうちにシドニーに追いついた。シドニーが楽しい思い出に浸っていることがわかった。ローリーが黙ってそばに立っていると、シドニーが言った。

「85年の夏をここで過ごしたんだ。本当に楽しかったなあ」

彼は潮の香りが漂う空気を深く吸い込み、話を続けた。

「仲間と1日中スキムボードに乗って、夜になると女の子達とたき火をした。人生のよき時代だったな」

「スキニー・ディッピング⁉」

「違う。スキムボーディングだ！」

シドニーはほのぼのとした思い出の中に侵入されたことに対し動揺した様子で、すぐさまそう言った。

「サーフィンみたいなものだが、ボードに乗って波打ち際から波のうねりめがけて…まあ、いいか！」

頃合いを見計らって、ローリーが言った。

「シドニー、あなたがせっかく思い出を辿っているのに、それを中断させてしまうようなことはしたくはないんですが、本当にもう出発しないと。あんまり遅れるとハンナに殺されそうです」

「最後の教訓を聞きたいんじゃないのか？」

とシドニーがどなった。

「そりゃあ、もちろん聞きたいですよ。車の中じゃだめですか？」

シドニーは砂の上に腰を下ろし膝を引き上げて、こう言った。

「だめだ。ここの方がいい案が浮かぶような気がする」

ローリーもシドニーと同じように座り、2人で果てしなく広がる太平洋を見つめていた。そして再びシドニーが話し出した。

「ニューマン、君はどのように人生にチャレンジしている？」

「えっ？　あなたもあの話を聞いていたんですか？　あいつの言ったこと、信じられます？」

若干軽蔑の意を込めて、ローリーはさらに言った。

「ビジネス・スクールに戻るだって？　懸命に考えた末に思いついたのが、そんなものなのか?」

再び沈黙の時が流れ、彼らは座ったままつま先でやわらかな砂を掘っていた。ローリーとしては、教訓が聞けることを期待する気持ちと、シドニーがあのコーヒー・ショップでの会話から戦略の教訓をどうやってでっち上げるつもりなのかと疑う気持ちとが半々だった。やっとシドニーは、足についた砂を払った後、話を始めた。

「もし君があの男に質問すれば、彼はビジネス・スクールへ戻ることで何か偉業を成し遂げられる、付加価値としてビジネスの専門用語も使えるようになると答えるだろう」

「意味がよくわかりません」

「本題に入って、必要なら戻ろう。尋ねるべき最後の基本的な戦略の質問は、どのように販売するかだ」

シドニーがローリーの方を向くと、彼はただ目を細め、いぶかるような目つきでうつろな表情をしているだけだった。

「つまり、顧客のためにどのようにして価値を付加していけばよいのか、いかに顧客に強い印象を与えるかだ」

「でも、それは2番目の質問で解決済みではなかったのですか? どんな製品・サービスを提供するか、という質問で…」

「その質問は具体的に何を提供するかというもので、どの製品・サービスにより重点を置くか、また置かないかだ。それから、その製品・サービスをどの顧客に提供するかということについて話したよな。そして次だ。今度はそれらをどのようにして提供していくかということを話しているんだ」

「よいサービスを提供するというようにですか?」

ローリーは波打ち際を軽快に走って行く騒々しい若者達や、甲高い叫び声をあげている女の子達めがけて足で水をかけている男の子達の様子を目で追っていた。

「そうだな。だが、もう少し広範囲にだ。実に簡単なことだ。販売方法には基本的に2つある。顧客に最低のトータル・コストで提供する。それが1つ目の方法。また、差別化に焦点を当てるのもいい(注1)」

「低コストのことはわかります。でも、差別化とはどういう意味ですか?」

「最低のトータル・コストの意味はわかっているんだろうな?」

とシドニーは疑うように言った。

「もちろん、最低価格を提供することですよね。そんなの簡単ですよ」

「だが、じゃあ、どうやってそれを行う?」

とすぐさまシドニーが尋ねた。ローリーは自分の論点を守りきれず、シドニーが引き続き話した。

「最低のトータル・コストで提供しようとするならば、そのために社内全体でプロセスをきちんと整えなければならない。それが秘訣というものだ。顧客には見えないもっとも大事な部分であり、業務上のコストを圧縮するためにできる重要なことなんだ」

「ウォルマート！」

とローリーは突然閃いて言葉を返した。

「そう、ウォルマート。あの会社は業務を標準化し、世界有数のサプライチェーン・システムを有し、そしておそらくもっとも重要なこととして、無駄を悪とし効率性を重んじる組織文化を持っている。マクドナルドにも同じことが言える。ボストンから北京に至るまでどこのマクドナルドに行っても、われわれ顧客はほとんど同じ体験をする。それが、低コストを維持し顧客に低価格を提供するための標準化された公式というものだ」

「わかりました。それで、差別化の方は？」

「差別化には2つの見方がある。1つは、顧客との関係に焦点を当てることによる差別化だ。それを顧客との親密性と言う人もいる」

「顧客との親密性？」

とローリーは眉を上げて尋ねた。

「簡単なことだよ、ニューマン。つまり、もっぱら取引だけに集中するのではなく、顧客のニーズに対して最高のサービスと最高の**ソリューション**を提供することにより、長期にわたって関係を深めていくっていう意味だ。おそらく多少高めに価格を設定したとしても、顧客は構わず支払うだろう。なぜなら、そこの会社が他のどこよりも彼らのニーズを理解し、そのニーズを満たそうと一層努力を重ねるからだ。そのよい例が……」

「ノードストローム」

とローリーは口をはさんだ。

「その通り、ノードストロームだ。あそこのサービスは有名だ。彼らはウォルマートと違って、最低価格を選択肢に入れていない。その代わり、業界トップのセールスとサポートを提供している。販売員はその分野のエキスパートで、そこでの勤続年数も長く、顧客との関係を育む努力をしている。だから、顧客は何度も何度も店を訪れるんだ」

今度はローリーが論議をふっかけた。

「でも、マクドナルドやウォルマートだって、顧客にはリピーターになってほしいと考えているでしょ」

「もちろんそうだ。だが、そのやり方が違う。ウォルマートには、お客様お出迎え係がいて確かにフレンドリーではあるが、客はそれで店を訪れているわけではない。彼らが何度も来店するのは、価格がちょうどいいからだ。ノードストロームの顧客はサービスのレベルの高さと、店側との関係性があって再び来店してくる。ウォルマートはすべての業務の照準を低価格に合わせている。ノードストロームのシステムは顧客のニーズを理解し、趣向を凝らし、どんな時でも最高のソリューションを提供することに焦点を当てている」

「なるほど。さっき差別化には2つの見方があるとおっしゃいましたよね。もう1つは何ですか?」

と、ローリーは時計を見ながら言った。

カチカチと音を立てている時計がシドニーにまったく効きめがないわけではなかったが、だからといって、彼が時間をとくに気にしている風でもなかった。それは彼の返事からもはっきりとわかる。

「まあそんなに焦るな。この海の空気を胸いっぱいに吸ってみろ、気持ちいいぞ」

接骨医をも満足させてしまうような深呼吸を数回した後、シドニーの方が折れて、教訓の話を続けた。もちろん彼流の話の進め方である。

「ニューマン、君は飛行機で例の機内誌を読んだことがあるか?」

こんな質問がどこから出てきたのか、何のために聞くのかなどと尋ねたところでいいことはまったくないので、ローリーは単に「ええ、それで?」と答えるに留めた。

「あの変てこなエクササイズ・マシーンの広告を見たことがあるか? 140万円以上もするようなものか?」

「ああ、そうですね」とローリーは含み笑いをしながら言った。

「僕には中世の拷問用の器具に見えますよ」

「それが今実行されているもう1つの差別化だ。最高の製品と思われる物を最適な時期に提供するという販売方法だ。これに焦点を当てた販売方法をとっている会社は、人々がその製品のためなら余分に金を払っても構わないと思うような、最新で最高の特徴を持った製品に挑み、創り出している。そういうところは、常に次なる目玉商品を世に送り出そうと努力しながら、デザインやイノベーションの最前線に立っている」

「アップルのように。そうやって差別化を図っているんですね?」

「そうだ、いいぞ!」

とシドニーが大声を張り上げ、ローリーの腕を強く押したため、ローリーは砂の上によろけて倒れてしまった。

「アップルはデザインや性能の限界に挑む素晴らしい製品をずっと生み出してきた。何年か前にはアップルⅡを、次にＭａｃを、そして現在はｉＰｏｄやｉＰｈｏｎｅをといった具合に。ｉＰｈｏｎｅは決して安いものではない。アップルはコストで競争するようなことはまずしない。人々が余計に支払ってもほしいと思うような新製品に、自分達の未来をかけているんだ」

砂を払いながら、ローリーは言った。

「これは1度聞いたら、忘れられませんね。僕達は超競争時代に生きている。以前に比べ、状況の変化も激しい。となると、3つの方法を全部用いた販売形態をとる必要があるんじゃないですか? つまり、低価格でありながら素晴らしいサービスを提供し、優れた製品を生産しなければならない、違いますか?」

「よいサービス、信頼性の高い製品、適正な価格というのはどのビジネスにおいても、ポーカーを始める時に最初にテーブルに置く賭け金のようなものだということは認めよう。だが、俺が言っているのは、こういう販売方法をとるんだ、このように顧客に対し価値を付加していくつもりだという強い信念だ。ウォルマートやノードストローム、アップル、これらの会社はその約束を果たすために特定の能力や有形資産に大いに投資してきた。純粋に3つのことをすべて実行するというわけにはいかない。その過程において、破産しかねない。それは君の会社に限らず、世界のどこの会社でもそうだ。さらに、意思決定に直面した場合、何に焦点を当てるか選択済みの企業はその対応の仕方を知っている。アップルはいざという時、常に製品に焦点を当てることになるとわかっている。焦点を定めていない企業では、首を切断されたニワトリのように、マネジャーが走り回ることになるだろう。彼らは対応の仕方がわかっていないんだ」

ローリーは次の話題に移ろうとしたが、シドニーの話はまったく終わりそうになかった。

「俺達はウォルマートやノードストロームについて話をしてきた。一方は低コストに、そしてもう一方は関係性、つまり顧客との親密性に焦点を当てている。じゃ今度は、シアーズを見てみよう。この会社は長年にわたって多重人格の要素を持っている。焦点は果たして低コストにあるのか、製品リーダーにあるのか、それとも顧客との親密性なのか？」

ローリーは首を横に振った。

「そうだ、誰にもわからない。そしてシアーズの売上はこの20年間程基本的には横ばい状態が続いている。だから、必ずここに焦点を当てるんだと決心を固めなくてはならないんだよ、ニューマン」

「では、どれに焦点を当てるのが正しいのかをどう判断すればいいんですか?」

「どれが正しいということはない。本来、どれが他より適切だとか正しいとか、そんなのはない。要は、**自分の会社にとって**、どれが正しいかということだ。ミッションと最初の3つの基本的な戦略の質問から考え始めるんだ。ミッションとその質問に対する答えが互いに増強し合うものでなければならない。おそらく、ミッションや最初の3つの質問への答えに取り組んでいくうちに、結果的に自然と『どのように売るのか』という問いの答えが出てくることがわかるだろう。さらに、手助けとなる昔からの信頼できるレンズがあるだろ。会社が情熱を注いでいるもの、才能を有しているもの、投資してきたインフラ、あるいは今後積極的に投資しようとしているインフラ、そして数値が示しているものなどだ」

その時、地平線へとゆっくり日が落ち始めていた。浜辺にいる人々はタオルを巻き、折りたたみのいすを片付け、車に戻ろうとしていた。ローリーとシドニーも黙ったまま、静かに去って行く人々の後に続いた。

（注）

1．ここで、彼らは「どのように売るのか」という質問について議論を始めている。シドニーは3つの可能な回答、つまり最低のコスト、顧客との親密性、そして製品リーダーシップを話している。これらについては、Michael Treacy and Fred Wiersema, *The Discipline of Market Leaders*, Reading, MA, Perseus Books, 1995（大原進訳『ナンバーワン企業の法則』日本経済新聞社、１９９５）から引用した。しかし、マイケル・レイナーは自身の著書、前述の『戦略のパラドックス』（松下芳男監修、翔泳社、２００８）で、これらのアイデアは何年も経過する中で、多くの学者や実務家によって、異なる言い方をされるようになってきたと述べている。たとえば、低コストは、ポーターはコスト・リーダーシップ、トレーシーとウィアセーマによれば卓越した業務、マーチは開拓、マイルズとスノウはディフェンダーというようにである。また、差別化も同様にさまざまな名称がつけられている。たとえば、ポーターは製品の差別化、トレーシーとウィアセーマは製品リーダーシップ／顧客との親密性、マーチは探査、そしてマイルズとスノウはプロスペクター／アナライザーといった具合である。

第18章　いとこに「ＫＩＳＳ」

2人はジョード・コーヒー・エンポーリアムの前を通って、来た道を引き返し、ガソリンスタンドにちょっと立ち寄った。「できれば、立ち寄るのもこれを最後にしたいな」と、ローリーは進みゆく時間に不満気な様子で、時計を横目でちらりと見ながら思った。彼はガソリンを補充している間ずっと、ガソリンスタンドの周辺をしっかりと見渡していた。昨日の革ジャン男のような人間が突然現れるといけないので、少し用心深くなっていたのである。しかし、他の客といえば、ミニバンに乗ったくたびれた感じのおばさんだけだった。程無くして、ローリーとシドニーは101号線に戻り、サンタクロース・レーンを走り過ぎた。

ローリーは、なぜサンタ・バーバラにサンタクロース・レーンという名の通りがあるのか疑問に思いながら、軽い冗談を言おうとして口を開けたが、すぐに唇をぐっとかみしめた。きっと、なぜサンタクロース・レーンがここにあるのかシドニーは知っていて、ためらうことなく詳細な説明をするんじゃないかと気づいて、言葉を飲み込んだのである。ローリーはこの興味をそそる看板にシドニーが気づいたかどうか確かめようとこっそり彼の方を見たが、シドニーは携帯電話を見ている最中だった。

「ビーチにいた間に、マギーから2回電話があったみたいなんだが、メッセージが残っていなくて」

「マギーって誰なんですか?」

とローリーが尋ねた。

「ドッグ・シッターさ。何か問題があったわけじゃないよな。あればメッセージを残しておくはずだ」

彼は折り返し電話を入れるかしばらく考え、その間太い指で携帯電話をもて遊んでいたが、結局それをズボンのポケットにしまい、座席に深く座り直した。

いつの間にか数km走っていると、太平洋は藍色のダイヤモンドのようになっていた。2人共それぞれ自分の思いにふけっていた。ローリーは自分の中で自信がわいてくるのを感じた。最初は控えめだったが、1日半で学び得たことをすべて思い返し、どうやら報告書を書く準備がうまくできたと思うと大胆になっていた。

彼は悠長にここから過ごす数日間のことを詳細に空想していた。今夜は親戚会に到着し、ハンナに会える。しばらく会っていない、また会ったことのない彼女の親戚と顔を合わせることになる。その後、親戚一族がパチパチと音を立てるキャンプファイヤを囲んで親睦が深まると、話をしたり笑ったり、そしてほら話も飛び出すかもしれない。その光景は、ノーマン・ロックウェルの絵のようである。別れの挨拶をし、その後も連絡を取り合おうと約束をした後、ハンナと一緒にサンフランシスコのベイエリアに戻る。そして、新しく養子として来る娘にどんな本を読ませようか、大学はどこへやろうか、何歳で初のアメリカ出身以外の大統領になるのかなど、いろいろなことを何時間も話し続ける。

オフィスに戻って、彼はシドニーから学んだことをすべて記録し、見事なパワーポイントのプレゼンテーションを作り上げ、解説文もつける。そして、それを完璧な状態でオリベンヘイン社のあのスーツ男に提出する。彼には役員室の前方で、必死に雄弁をふるっている自分自身の姿が見える。それに対し新しい上司達は、この仕事に対し賢明な選択をしたとはっきり認めるかのように、時折みんなでうなずくのである。彼の空想があまりにも鮮明なため、彼には上司達の魅せられたような顔の表情が見え、彼らが質問する時のイントネーションやリズムまで聞こえる。そして、彼はその質問に見事なまでに全部答える。こうしたリハーサルの間に、彼は突然、何の変哲もないグレーのスーツを着た髪がくしゃくしゃの人物が部屋の暗い片隅から出てきて、一本調子でこう尋ねてくるのを思い描いた。

「そのようなプロセスを踏んだ結果、どうなるんだ?」

その時、彼は言葉に詰まってしまった。

彼はミッションの重要性を理解し、それにぴったり合う戦略を策定するのに必要な下準備をして、4つの基本的な戦略の質問についてもよくわかっている。そして同様に、その質問に答える際に用いられるレンズについても教え込まれた。しかし、たとえて言うならば、それらをすべて研磨機の中へ押し込んだ後に、どんな魔法の金の延べ棒が出てくるのか、彼は知らなかった。それは短い文章で済むものなのか? 1ページの書類になるのか? それとも50ページから成る論文になってしまうのか? まだ彼の頭の中では、髪がくしゃくしゃの老人と今やオリベンヘイン社の従者となってしまった多くの人々がローリーの上にのしかかっていた。哀れにもローリーには、スライドを進めるための安っぽいプラスチックのリモコンという武器しかなかった。夜に出てくる悪霊のように、彼らは重い足どりで前進し、容赦なく追撃してくる。彼はウーステッド（訳注：梳毛糸）ウールのスーツを着た狼のように貪欲な企業人の一団に取り囲まれ、ミイラのように彼らが「結果はどうなるんだ…結果はどうなるんだ?」と繰り返し言っている情景を思い浮かべた。

「そんなにスピードを出してどうする?」とシドニーが何気なく尋ねた。ローリーは潜在意識から目に見えない幽霊達を振り払っていたため、シドニーの言葉を理解するのに少し時間がかかった。そして、スピードメーターを見てみると、時速133㎞、134㎞、135㎞とスピードが上がっており、彼は腰のあたりからも、膝、足首まで足全体がアクセルに貼り付けられているかのように、緊張感が高まっているのを感じた。彼は即座にアクセルペダルから足を上げ、エンジンにかかる圧力を和らげると、車はまたすぐにゆっくりとしたペースで進んでいた。

「さっきは何をぼうっと考えていたんだ、カウボーイ君よ?」

とシドニーが尋ねた。

「結果はどうなるんですか?」

ローリーの口から突然その言葉が飛び出した。

「何の結果だ?」

「プロセス?　下準備をし、4つの質問に答え、それからどうなるんですか?　どういう結果が出るんですか？」

「キスをしろ」

とシドニーは、ナプキンかペンでも頼むかのように平然とした様子で言った。

多くの選択肢がローリーの眼前に広がった。「僕はあなた好みのタイプじゃないと思うんですが」というありきたりの返事を選ぶこともできたし、同様に使い古された言い方で「僕はそういう人間じゃないですよ」と言うこともできる。あるいは、単に知らない振りをして、シドニーが必然的に説明するだろうからそれを待つかである。彼は3番目の選択肢を選び、シドニーが言うことを訳知り顔で聞いた。

「キスと言っても、あのキスじゃないぞ。大文字でK、I、S、S－KISSだ。Keep It Simple Stupid（ごく簡単なものにせよ）の省略形だ」

「簡単という言葉は相対的なものですよね、シドニー」

「確かに。つまり、簡単というのは、基本的に4つの質問に対する答えをつなぎ合わせて、最終的な戦略ステートメントが1パラグラフか2パラグラフになるようにすべきだということだ。感銘を与える文章である必要はなく、言葉を尽くすようなこともしなくていい。ただ、シンプルで率直なものでなければならない。すべてを言葉にする必要もない。頭に描くイメージと説明部分とを組み合わせて全体像を示せばいいんだ。ここで重要になるのがコミュニケーションだ。自分の考えていることを誰もがわかるように、そしてもっと重要なこととして、人々がそれに基づいて行動できるよう、簡潔に伝えなければいけない」

彼は間を置いてから、やや憤然とした様子で話を付け加えた。

「だが、簡潔でありながらも創造的でなければならない。人はいつも空欄の穴埋めや番号に従って描く絵のような定石を求めている。質問に答えたら、そこの組織文化や物事のやり方に合った方法でコミュニケーションをとる。簡単なことさ」

「でも、その準備作業をすべて行い、４つの質問に答えるとすると、会議で用いる討議資料をたくさん作成しなければならないことになります。そんなにたくさんの作業をどうやってこなせばいいんですか?」

「いい質問だ。確かに、自分の最終回答をサポートする資料として作成しておきたいところだが、ＰＣで配信したり印刷したりするということではない。社内のイントラネットに貼り付けておけばいい。そうすれば、人々が最終的な戦略ステートメントを読みたい時、また役員達がどうやってその意思決定に辿り着いたのかを知りたい時、誰でも調べられる。俺はずっとそうしてきた。俺としては透明性がほしい。そうであれば、指導的なチームがこれまで何をどのように作成したのか誰でも確認できる。またそれによって、チームが深く探求したこと、そして戦略の策定のために必要な難しい知的作業を行ったことが示される。さらにもう1つ、戦略を更新するために振り返る際の貴重な歴史的記録となる」

「ミッションはこのステートメントの一部に入るんですか?」

「いや別だ。もっとも目指すものは同じだが。さっき言ったように、コミュニケーションは簡潔で明確でなければならない」

会社の変革ファシリテーターがこれを聞いたら満面に笑みを浮かべたと思われるようなロール・プレイングを行っている際に、ローリーは再び空想の世界に戻り、オリベンヘイン社のスーツの男達の前に立ち、髪がくしゃくしゃの老人と話をするようになった。何を質問してくるのだろう？　準備したものに対し何が欠けているだろうか？　老人はいすから立ち上がり、はばかることなく前に出て来て、ローリーに尋ねた。

「ビジョンはどうなんだ？　どこにあるんだ？」

ローリーはシドニーを叩いて、その質問にすぐ答えてもらいたいと思ったが、老人のその質問を言葉にできていなかったことを忘れていた。

「何だ？」

とシドニーが尋ねた。

「ええと、それについてはどうなんでしょうね？」

とローリーはつばを飛ばしながら言った。

「おかしな奴だな、ニューマンは」

シドニーは声を落としながら「コカイン中毒か？」とつぶやいた。

「何を言っているんですか？　コカイン中毒ですって？　おかげさまで僕はいたって健康で、

ちゃんとしていますよ。それで何を話していたんだっけ？　ああ、そうだ、ビジョン・ステートメントでしたね？　ビジョンも必要じゃないですか？」

ローリーは座席で体をこわばらせ、背筋をピンと正してイギリス紳士のようなポーズをとりながら言った。

「前にも言ったようにだな、へんちくりん君」

ローリーのこの発見を肯定するように一瞬うなずいた後、シドニーは言った。

「それはそうと、ビジョン・ステートメントをどう定義する？」

「みんなに電話をかけろなんて言いませんよね？」

ローリーは少しひやひやしながら言った。

シドニーは矢継ぎ早に言い返した。

「時間は無制限にあるわけじゃないだろ？」

じきに彼は態度を軟化した。

「そうだろ。誰にも電話する必要なんかない。ビジョン・ステートメントの意味を君がどう考えているか言ってくれればいいんだ」

ローリーの心の仕切りをすべて取り払ってみたが、あの老人はどこにも見当たらなかった。どうやらどこかお茶でも飲みに出掛けてしまったのであろう。彼はそう勝手に思い込んでいた。彼は口ごもって、

「う〜ん、ミッションがコンパスのように中心的な目的であるとすると、ビジョンはもっと具体的なものでしたよね?」

と言った。

「中にはそれを生き生きとした言葉による描写と呼ぶ者もいる」

シドニーは話を止めて、少しこれについて考えてからまた話を続けた。

「俺はその言葉による描写が好きでね。組織が最終的にどういう状態を目指すのか、ここから5年、10年あるいは15年かけて。そして、そう、ビジョンはミッションよりも具体的で、一般的には特定の数値が含まれている。おそらく、達成したい収益額だったり、扱う顧客数とか、そんな類の数値だ」

「今話していることとぴったり合いそうですね。これをおまけか何かのために取っておいたんですか?」

「ああ、『プライス・イズ・ライト』という番組のショーケース・ショーダウンというゲームみたいなもんだ」

シドニーはその時ローリーの方を向いて、甚だまじめくさった口調で尋ねた。

「君はボブ・バーカーとドリュー・キャリーと、どっちが好きだ?」

「そうですね」とローリーは答え始めた。

「ドリューは情報通で、『どっちのラインだ?』の彼はよかったな。でも、ボブは名物男だし、それに…。この件については、また別の機会に話しませんか？　今はビジョンの話をしているんじゃないですか？」

「あとでその話が意味あるものになってくるんだよ」

とシドニーは厳然たる事実を言った。

「いいか、君がプロセスのこの時点でビジョンをどうしても作成したいというなら、止めはしない。だが、プロセスの次の段階に踏み出したんなら、役に立つと思うけどね」

「次の段階って？」

「戦略策定からそれを実行に移すことに期待する段階だ。君は自問する。『よし、この戦略を実行するとすれば、どういう結果が生じるのか』君が俺のアドバイスに従ったなら、何を推進力とするのか、何を売るのか、それを誰に売るのか、そして、どうやって売るのかという結論を出したことになる。今度は、それによってどんな状態になるのかを判断する。戦略の前にビジョンを作成しようとすることは、老馬のバズとパッカーの前に荷馬車をつけるようなものだ」

馬のことを言われただけで、ローリーは鞍ずれの痛みを思い出してしまった。彼が座り心地が悪そうに腰をずらしていると、シドニーは前のめりになった。

「考えてもみろよ。収益や顧客、市場などについてビジョンが具体的であれば、まず最初に何を売るか、誰に売るかなんて決める必要ないだろう？　1ついいことを教えよう。そこまで来たら、必ずしも『ビジョン』という言葉を使う必要さえないと思う。すでにわけのわからない専門用語だらけのビジネス界において、さらに専門用語を増やすだけだ。われわれのミッションはこうです、そこへ到達するための戦略はこうです、そして、それをすべて実行すれば、こんなことが期待できますと話すことで、人々をその構想に引き込んだらどうだ。ＫＩＳＳだよ、ニューマン、ＫＩＳＳ」

２人はまた黙り込んだ。ジョン・スタインベックの『怒りの葡萄』で「マザー・ロード」として描かれている１０１号線は、母親らしい優しさを発揮して東へ軽くカーブしながらベントゥーラへと続く。右手に見えていたきらきら光る太平洋に別れを告げると、サン・クレメンテまで海沿いの道を通ることはないだろう。ローリーはバックミラー越しに見えるこのきらきら光る宝石のような海に魅了されていたが、携帯電話がしつこく鳴り響き、その魔法も解けてしまった。

第19章　誰にでもいい時があるものだ

ほんの少しの間に、景色は激的に変わっていた。旋律を奏でる波の音が聞こえる牧歌的な田舎の風景から、車や人、工場から響き渡る音など絶え間なくさまざまな音にさらされる都会の風景へと移っていった。あまりにも急な移り変わりに、ローリーは電話のボタンを押すまでに着信音を3回鳴らし続けた。結局、そのボタンを荒っぽく押し、仕方なく「もしもし」と吐き出すように言った。

「ローリー?」

と困惑したような返事が聞こえた。

「はい、ローリーです」

「ジム・トービンです。そちらはいかがですか?」

2つの工業団地にはさまれた一区画の農地を見て驚きながら、ローリーは答えた。

「順調ですよ、ジム。今ベントゥーラです」

「その辺は美しいところですよね。何回も行ったことがあります」

彼は少し間を置いてから、興奮気味に言った。

「いいニュースです。いや、言い直した方がいいかな。実は、いいニュースとよくないニュースがあるんですが、どちらを先に聞きたいですか?」

必然的にちょっと含み笑いをして、ローリーは言った。

「それじゃ、いいニュースから」

「アイク・レドモンドと取引が成立したんですよ」

その後また間が空いたため、ローリーは、誰のおかげだと思っているのだろうと思わずにいられなかった。

「それは良かった、ジム」

「ええ、ローリー、あなたのおかげですよ。あなたがパソでの乗馬でアイクに何と言ったか知りませんが、彼は確実にキトリッジ社という船に乗ってくれたんです。船と言えば、1か月かそこいらのうちに彼に製品を発送し始めます。ああ、それから、彼があなたに言っていましたよ、途中で失礼してすまなかったと、でもあなたと仕事ができることを楽しみにしていると」

「それはうれしい、僕も彼と仕事ができるのは楽しみです」

「それはそうと、もう1つよいニュースを聞きたいですか?」

「ぜひとも!」とローリーは歓喜に満ちた口調で言い、その時、取引が成立したことで生じたアドレナリンが体中をぐるぐると駆け巡っていた。

「今夜サン・ディエゴで会いましょう。実は、今飛行機に乗るところなんです。アイクが明日、デル・マーで開催されるホース・ショーに行くらしいんです。その後、彼はスペインに向かい、3週間そこで滞在するということなので、その前に契約書にサインしてもらいたいと思って。自分の方から飛行機で行くと申し出たら、彼が明朝会うことに同意してくれたんです」

「すごいじゃないですか、ジム。でも、それと僕に会うこととどういう関係があるんですか?」

「まあ、戦略計画の課題をあなたにお願いしてから1日ちょっとしか経っていないことはわかっているんですが、今夜お会いして最新情報を直接聞かせてもらえればと思っているんです。そうすれば、会社の人達に報告できるので。みんなとても興味を持っているんですよ、ローリー」

彼は間を置いてから、切り札を出してきた。

「それに、あなたは3日で何とかすると約束したんだから、問題ないですよね?」

まさにちょうどその時、緊急車両が隣の車線で甲高い音を出して通り過ぎて行った。それは強烈で、真っ白な稲妻のようだった。それが通り過ぎて徐々にぼやけて見えながらも、ローリーはその車の横側に目立つ緋色の文字で「ベントゥーラ郡大事故除去部隊」と書かれてあったのを見ることができた。なんとぴったりくるたとえだろう。今まさに災難に遭いそうで、その除去を必要としているのは、彼の人生の方だ。

「ローリー? 聞いてます?」

「ええ、ジム。聞こえています」

彼は返事をする際に自信があることをアピールしようとしたが、精彩を欠いているように思われ、ジムはそれに気づいた。

「今夜、報告書をもらえますよね? 私達がどれだけこれに期待をかけているかわかってるでしょ。プレッシャーをかけたくはないんですが、今や実権を握っているのはオリベンヘイン社ですから、物事をこれまでよりかなり迅速に進めていくことになるということをおわかりいただきたい。あなたならついてこれますよね、ローリー」

　ジムには責任がある、それは認める。しかし、ローリーは、マークが何かしら陰で糸を引いていて、自分を失墜させる手助けをしているのではないかと思わざるを得なかった。彼は衝動的に
「これはマークの差し金ですか？」と口走った。

「マークとどういう関係があるんです？」

とジムは心から好奇心を持った口調で尋ねた。

「マークに関してお知らせしたいことがあるんです。今夜、お話しますね」

ハンドルを握り、無意識にそのハンドルに向かってうなずいた時、ローリーの前腕の筋肉がぴくぴく動いていた。まさにその時、彼の目には、マークがオフィスでローリーがいた痕跡をすべてシュレッダーにかけ、ガラス製のデスクの上で上機嫌で跳びはね、なすすべのないメルビル・ベルに対しどなりつけながら命令を出している姿が浮かんだ。

シドニーはスピーカーから流れてくる企業ドラマに耳を傾けている間、前方をじっと見つめていたが、ふとローリーの方を向いた。その目はローリーの心中を推し測っているようだった。ローリーもそれに気づきシドニーに視線を向けると、自分を値踏みするようにじろじろとこちらを見ているシドニーがいた。彼はこの挑戦に対処仕切れるのか？

「準備はできていますよ、ジム」

「そりゃすごい！」

その後、どこで会うかということで押し問答が始まった。ローリーは、ジムが泊るホテルで会えば、ロビーで互いを見つけられるし、そこで報告書を渡せばそれで終わると考えた。しかし、ジムの方は、ローリーを連れ出して親戚と過ごす時間を削らせたくないと言い張った。ジムは喜んで親戚会に出向くと言い、10分で失礼すると約束した。穏やかに交渉が続けられたが、そのうちこれ以上議論しても無意味だとローリーは悟った。ローリーからの最新情報を得るために、ジムが親戚会に来ることになった。まるで親戚会に押しかけることで、ローリーの願いをきいてあげているとジムが本気で思い込んでいるようだった。「ハンナも喜ぶだろう」と彼は思った。「ごく普通の気さくな親戚会だろ。歌ったり踊ったり、クロッケーもやったりするのかな。そして、スーツ男には、戦略計画の策定に関する論文だ」

「じゃ、今夜会いましょう」

とジムは熱意を込めて言った。

「ええ、ジム。それじゃまた」

ローリーは「切」ボタンを慎重に押した。シドニーが彼を見ると、3日間も雨が降り続いている時のような顔をしていた。

「なんでそんな顔をしてんだ?（注1）」

これがローリーの心を開かせるシドニー流のやり方である。

「聞こえてたんでしょ」

とローリーは不満そうに鼻息荒く言った。

「どうした？　昨日からその件について話してきたじゃないか。君はもう目をつぶっていても、片手を後ろに回してもう片方の手でマルガリータを飲んでいても、そのジムって野郎に報告できるはずだ」

ローリーは不満をもらした。

「最初は5日だったんですよ。それが3日になり、今度は今夜だと言う。どうかしてる」

「気の毒にな、アミーゴ。だが、ジムは正しい。それが今の世のならわしだ。一にも二にもスピード。何もかもあっという間にやって来て、それに対応する時間は少なく、ミスに対する許容範囲は狭まっていく」

「それがあなたの考える激励ですか？」

「それよりもっといいだろう、それが真実なんだから。君の口からこぼれてくるのは、マルガリータではなく、昨日から俺達が話していた戦略の話のはずだ。君はたくさんいい質問をし、たくさん素晴らしい指摘もした。君ならできるさ、ニューマン」

その言葉は漠然としていたが、シドニーの誠実な話しぶりによって宙に漂っていた。それが完全に消え去った時、彼は付け加えた。

「これで楽になったか？」

「ええ、だいぶ」とローリーはさりげなく皮肉を込めて言ったが、もう我慢できないという気持ちをなんとか抑えられたと感じていた。彼はこの1日半の大半を戦略計画策定の速修講座に費やしてきたのである。それによって、今やそれに関しては誰にも引けを取らないところまで確かにきた。彼はどのように戦略を定義づけるかということを理解しており、ミッションの作成にも詳しい、その上、問うべき4つの基本的な質問も、その問いに対する答えを出す手助けともなる4つのレンズについてもわかっている。しかし、このテーマについて彼自身の鋭敏な頭脳が働き出したというよりは、彼のすぐそばに真の計画策定の大家であるシドニーがいたということが大きい。シドニーがいつでも助け舟を出してくれて、今夜ジムが現れることで起こりうる微妙な情況からも救い出してくれるのである。

ベントゥーラを後にして、オックスナードへと進み、そこからキャマリロへと続く。そこで、彼らはコネージョ・マウンテンの頂上まで約550mを上り切った。すると、いきなり交通量が増え、上下線共高速で飛ばす車の流れであふれていた。大ロサンゼルスの南部地方がこの頂上のすぐ向こう側にあり、その影響がここまで大きく及んでいたのである。ローリーは何度もロサンゼルスの道路にうまく対処してきたが、訪れるたびに古くからある車文化のまったくの狂気と言えるその車の量と速さに合わせる必要があった。

まわりの車の流れに沿って、彼らもたちまち101号線をカラバサス方面に向かっていた。いくつも並ぶモダンな大豪邸が、沈みゆく陽の光を浴びてきらきらと輝いている。中流階級の上位層が示す成功のシンボルをこうして築き上げるために、広大な土地が占領されており、ローリーはそれらを複雑な思いで眺めた。それらの邸宅は家を持つというアメリカン・ドリームを象徴していたが、その土地に選択権があるとすれば、SUVにもトランポリンにも見向きもせず、静かな低木の茂みに覆われた状態に戻ることを望むのではないかと、彼は思わずにいられなかった。

「LAは好きですか?」とローリーはシドニーに尋ねてみた。ローリーがこれまで知り合った人の中で、その質問に対し「まあまあ」とか「ええ、悪くはないですね」などという返事をした人はいない。どちらにしろ、LAという所は激しい感情を生み出す場所である。大好きか大嫌いかのどちらかで、中立の立場はない。彼はシドニーがどんな反応を示すか興味があり、このドライブの後に待っているソフトボールなどの娯楽も楽しみだった。

シドニーが左手を上げ、こぶしを木槌のようにして、まさに話し始めようとした時に、着信音の「マイ・シャローナ」が車内に鳴り響き、彼はその大げさなしぐさをやめた。彼は手を下ろし、電話を取って話し出した。

「マギー…えっ、何だって? 落ち着いて…」

彼は座席で姿勢を正し、電話を耳にぴったりと当てた。

「いつ? プレスフィールド先生のところに連れて行ったのか? ああ、わかった」

彼は時計を見ながら確信を持って言った。

「あと3時間で着くから」

そう言って、電話を切った。

「どうかしたんですか」とローリーは尋ね、車線から車線へと車をすばやく移動させていった。それにより恐怖感が増し、劇的な緊迫状態が彼の前で展開していった。

「インターステート405号線に入ってくれ」

とシドニーは携帯電話のアドレス帳を必死にスクロールしながら、大声で言った。

「それはサン・ディエゴへ行く道じゃないですよね。どうしたんですか?」

シドニーの目には悲痛の念が現れていた。再度尋ねようとした時、今度はローリーの電話が鳴った。彼はあわてた。シドニーはまだ自分の電話を狂ったように操作しているし、ローリーの電話は鳴りっ放しで、大混乱の状態だった。おそらく、最新情報を得ようとハンナが電話をかけてきているのだろうが、それは留守電に任せ、注意を再びシドニーの方へ向けた。

「何があったんですか?」

シドニーは返事をしなかったが、電話を耳に当てて別の人と会話を始めた

「あっ、マイケル、シドニーだ。よく聞いてくれ、ゆっくり話す時間がないんだ。トレバーが手術中で、LAからデンバーへ至急戻らなくてはならない」

彼は顔を木のようにこわばらせながら座っていた。相手の言うことに耳を傾けた後、言った。

「アメリカン航空LAX(訳注:ロサンゼルス国際空港)発6時45分の便だな、うん、いい、予約を頼む」

ローリーは断片的に聞こえてきた情報を頭の中でまとめ上げるのに余念がなかった。

「トレバーって誰だ？　シドニーは手術を知らなかったって？　6時45分LAX発の便？　今5時45分でまだエンシノ。LAXまであと30km以上ある上に、ラッシュアワーとぶつかる。こりゃ、だめだ」

「LAXだ、ニューマン。急いでくれ」

とシドニーは重苦しい緊迫感を持って言った。

「トレバーって誰…」

彼はこの質問をしている途中で、トレバーがシドニーの犬であることを思い出した。サン・ディエゴ・パドレスのトレバー・ホフマン選手にちなんでつけられた名前である。ハイウェイ・パトロールとの出来事がぱっと浮かんだ。警官がパドレスのファンであることから、確実に切られるはずの違反切符を取り消してもらえるのではないかとシドニーが推測したあの件である。

「どうして手術を受けることになったんですか？」

「数時間前に車にひかれたんだ。それでマギーが2度も電話をしてきて。彼女は動物病院にいたんだが、それほどひどくなさそうだったので、俺に心配をかけたくなかったみたいで。でも、トレバーの腰を治療している時に、内出血が発見され、脾臓が破裂していることもわかって、今手術中なんだ。もう少し急いでもらえるかな、頼むよ」

そう言われても、まわりは車だらけである。ローリーは手のひらを上に向けて肩をすくめた。渋滞することで悪名高い101号線と405号線とのインターチェンジがこの先に控えていて、車の列はのろのろとしか進んでいなかった。

「そのことでどうしてもデンバーに急いで帰らなくちゃいけないんですか?」

ついそんな言葉が口からもれたことに、ローリーは自分でも驚いてしまった。ハンナと養子の手続きをとり始める前、2人の生活はすべてゴールデン・レトリバーのジョックを中心に回っていた。彼は少年の頃からずっと日常生活において何かしらペットがそばにいて、金魚や猫、モルモットなどが死んだ時には墓に覆いかぶさるようにして泣きじゃくったものだった。したがって、彼は人とペットの絆というものをしっかり理解していたのである。彼が謝ろうとしたところで、シドニーが話をし始めた。

「ああ、戻らなくては」

と彼は重々しい感じで言った。

「すみません、シドニー。僕はただ…」

シドニーは急に話に割って入ってきた。

「4年前の感謝祭の時だった。4人の子供を含めて、合計12人の客を家に招いた。俺達はフットボールの試合をテレビで観たり、おしゃべりしたりして楽しんでいた。外は少し寒くなってきて、オーブンには七面鳥が入っていて、そこまでは完璧だった。だがそれから、トレバーがどたばたと部屋へ入ってきて、ものすごい勢いで吠えたんだ。俺は思ったね。『おいおい、こいつは友達の前でいかれちまったよ』って。トレバーを落ち着かせようとしたが、だめだった。それから彼は勝手口と部屋とを行ったり来たりし続けた。仕方ないので彼について行ってみると、何か臭いがしたんだ。ガスだ。俺はSWATチームの一員のようにパーティーの客を避難させ、30秒程で全員部屋から脱出した。消防署に電話をかけて急いで来てもらった。案の定、ガス漏れだった。その時に言われたんだ。もしトレバーが知らせてくれなかったら、この家は独立記念日の花火みたいにドカンと炎上していたところだったと。かなり悲劇的な独立記念日の花火さ」

シドニーはローリーの方を向いて、また話し出した。

「だから、俺はあの毛玉みたいなトレバーに借りがあるんだ。今日の手術がうまくいってもいかなくても、俺はあいつのそばにいて、自分にできることなら何でもしてやるつもりなんだ。あいつもそうだから。俺のためなら何でもしてくれるんだ」

ローリーは、決してゆるがない決意をして、眼前に広がる大渋滞の車の列を見据えながら言った。

「間に合いますとも」

その次の段階が、『十戒』の紅海のように車の列が割れるといったおとぎ話であればよかったのだが、LAの交通渋滞は2人が望むような設定にはしてくれなかった。それどころか、他の無数の車と同様、容赦なくフリーウェイのアスファルトに置き去りにされたままだった。

彼らは101号線と405号線のジャンクションをのろのろと進んではいたが、タイヤが1回転するまでずいぶん長く感じられた。その後、トンネルの向こう側から明かりが見え、突然車の流れに動きが戻った。時速70、80、90、100kmと上がっていく。アスファルトの道をどんどん進み、速度は時速110kmから120kmへと増すばかりだった。しかしまたすぐに、ローリーはブレーキを急に踏むことになり、タイヤがキーッとすさまじい音を立てた。タイヤのゴムとアスファルトが擦れるいやな音である。どこからともなく亡霊のように渋滞が現れ、再び彼らの行く手を阻んだ。

「一般道へ行ってみた方がいいでしょうかね?」

とローリーが尋ねた。

「いや、やめた方がいい」

シドニーの返事はあっさりとしたものだった。

この先、渋滞は15km程続き、ちょっと走り出していいかなと思うと、また止まってがっかりさせられるといった状態の繰り返しだった。タコメーターは、まるで小刻みに動く株式市場のように、上がったり下がったりしている。一瞬でも隙間ができれば、ローリーはハンドルをきってその車線に割り込むという荒っぽいジグザグ運転をした。普段通勤でそんな無謀な運転を見れば、彼はののしっているところだ。

インターステート10号線に近づいてきた時、西の方にゲティ・センターがまるで王冠のように鎮座していた。LAXまであとわずかである。通常の状態であれば、ゲティ・センターはおそらく、興味深い話題を提供してくれるだろう。莫大な数を誇る貴重な骨董品のコレクション、驚くような建築様式、そして見晴らしのよい景色など、すべて話の種となるものだった。しかし今日は、それもそっちのけにされ、きらきら輝く建物が相手にされずに寂しく丘の頂にぽつんと立っていた。

いよいよ車が405号線を抜け、ラ・シェネガの出口を突破した時、シドニーが見た時計のデジタル表示は6：19から6：20へと変わるところだった。ウェスト・センチュリー・ブールバードを突っ走っている間、2人は一言も言葉を交わすことはなかった。ここでは黄信号もこの疾走を続ける誘因となるものにすぎなかった。

「何番ターミナルですか？」

「4番だ」

ローリーは、ターミナルに接する車線をふさいでいるレンタカーのシャトル便やホテルの送迎のライトバン、乗用車などがごちゃごちゃしているところを上手に通り抜けて行った。6時24分、彼は4番ターミナルの外にある歩道脇に急停車させた。シドニーは車からさっと降りて、ローリーがトランク・レバーをつかもうとしている時に、すでにいらいらしながらトランクをトントンと叩いていた。彼がレバーをグイッと引っ張ると、トランクがポンと開いた。かろうじてシドニーの顎にぶつかることは避けられたが、昨日の朝2人が会うやいなや起こった出来事を思い出させた。「つい昨日のことだったかな？」と思いながら、ローリーは車の後ろに回り、シドニーの巨大なバッグの隅を持ち上げて歩道に下ろした。

シドニーが手を差し出してきた。その手をローリーは力いっぱい握った。

「やっぱりまだ魚みたいだな」とシドニーは笑いながら言った。ローリーがそれに返事をしないうちに、シドニーはもう向きを変え、ドアの方へさっさと歩き出していた。ドアに辿り着いた時、彼は振り向いて言った。

「奴らに素晴らしいストーリーを聞かせてやれ」

そう言い残して、シドニー・ワイズは去って行った。

(注)
1. ブレーメンの音楽隊より。Jocob and Wilhelm Grimm, *The Complete Grimm's Fairy Tales*, New York, Pantheon Books, 1944.

第20章　親戚会

ローリーは運転席に座って、ぽっかり空いた隣の座席をぼーっと見つめていた。助手席の革がゆがんでいる。これは、どっしりとした体格のシドニーを600km以上にわたって乗せていたという証しである。彼はふとほほえんだが、誰かに窓を激しく叩かれて、急に困惑した表情に変わった。そこにいたのは空港の交通係だった。彼は採石場から掘り出された花崗岩か何かのような顔をして、厳しい言い方でローリーに注意を与えた。

「違反切符を切られたいのか？　さっさと移動しろ！」

ローリーは首を振りながらそれに従い、急いでLAXから出て行った。

数分後、彼は405号線に戻り、サン・ディエゴ・フリーウェイを南へ進んだ。南カリフォルニアの荒っぽい運転をする車の波に自分も乗って疾走していた。彼は徐々に普段の走りを取り戻しつつあったが、その時電話が鳴った。ハンナだ。「しまった」と彼は思った。

「折り返し電話をするのを忘れてた」

発信ボタンを押した。

「やあ」

彼は親しみを込めてというよりは、「僕の話を先に聞いてほしい」という思いをほのめかすように、はらはらしながらこの簡単な2文字を口に出した。だが、ハンナは自分の言うべき話から始めた。

「どこへ行ってたのよ？　私からのメッセージ聞かなかったの？」

と尋ねた彼女の心の中には、フラストレーションが駆け巡っていた。

「ごめんよ、ハニー、実はいろいろ大変だったんだ。今ちょうどLAXを出たところなんだ」

「LAX?」

「ああ、話せば長い話でさ。トレバーが車にひかれて、それで…」

「トレバーって誰?」

「あっ、ごめん。シドニーの犬なんだけど、そいつが車にひかれて脾臓が破裂しちゃって。それで、シドニーはその犬のそばにいてやりたいからと言って、デンバーへ飛行機で帰っちゃったんだよ」

「その犬は大丈夫そうなの?」

「まだわからない」

「それじゃ、シドニーは親戚会に来ないのね?」

「うん」

会話が途切れて、しいんと静まりかえった。そういう場合、相手が何か考えながら次の言葉を探しているのでないか、あるいは電話の接続が途絶え無の空間に入ってしまったのではないかと思わせる。ついに、ローリーの方からその沈黙を破った。

「聞いてる? ハンナ」

「ねぇ、ジム・トービンって誰?」

「彼は……えーっと、僕の新しい上司になる人だ」

ハンナは口をはさんできた。

「なんでその人がうちの親戚会に来るわけ？」

「どうしてそれを知ってるの？」

「その人から電話があったの」

「なんだって？」ローリーはそう言って、独り言をつぶやいた。

「会社のファイルから電話番号を見つけたんだな」

「ローリー！　1人でぶつぶつ言わないで。そういうところが嫌なのよ。ちゃんと話して」

「ごめん。これも話せば長くなるんだ。どっちにしても、彼は長居しないよ。ただ戦略計画の策定に関する準備レポートを僕が話す間だけだ」

再び沈黙の時間に入った。こんな時理解力のあるハンナは、得た情報を検討して、それに対してひき続き何か考えた方がいいかどうか判断中であることが、ローリーにはわかっていた。どう考えても、親戚会のパーティーがたけなわの時に混乱など生じさせたくないはずである。

「あとどれくらいで、こっちに着きそう？」

ローリーは周囲を見て判断しようと、視線を看板に次々と移していった。まるでそれによって突然、サン・ディエゴに到着する時間が告げられるかのように看板を見ていたが、そんなことが発表されるわけがなかった。「たぶん2時間か2時間半ぐらいかな」と彼は言った。

「わかったわ、急いでね。でも安全運転で」

「ああ、愛してるよ」

「私もよ、じゃあとで」

710号線をちょうど越え、ロング・ビーチのあたりまで来た。緊急車両のサイレンの音が遠ざかり、ローリーはこれからジムに行わなければならないプレゼンテーションに集中力を少し充てることができるようになった。すると不意に、心の底から不安が少しつのってきた。どうすればシドニーから教わったことを適切かつ正しく要約できるかわからないことに気づき、程無くローリーは極度のパニック状態に陥った。実際にはこれまで自分1人ですべてを考える機会などなかったのである。彼の計画では、得た教訓や逸事などすべてオフィスに持ち帰り、それらを整理し、要約してまとめ上げ、包括的なプレゼンテーションを作り出すはずであった。今後そういう機会が訪れることもあり得るが、それもまずはジムとのこの最初のテストに合格すればの話である。したがって、ミスは許されない。テストなのである。

シール・ビーチをうまく切り抜けた。今はこう表現するのがぴったりとするだろう。

「集中しろ、ニューマン!」

とローリーは大声を出して、自分に発破をかけた。自分が知性を持った人間であるかどうか、しっかりと集中し深く物事を考えられるかどうかを試される機会があるとすれば、まさにこれがその機会となる。間違いなく、今は責任を捨て去る時でもなければ、空想にふけっている場合でもない。また、思い出の小道を陽気に歩いている場合でもないのである。だが、彼が何をしたかと言えば、うしろめたい気持ちを持ちながらも、今迫っている問題から逃れて、輝かしい記憶の小道を軽やかに辿って行ったのである。彼の頭の中は昨日の朝、シドニーと気まずい出会いをしたことに戻っている。車のトランクがもうちょっとでシドニーの顎を強打するところだったことを思い出して、ローリーは声を立てて笑った。数々の予期せぬ出来事には驚いた。革ジャン野郎を打ち負かした後、ヴァナゴンが動かなくなって困っていたカップルを助けた。昼食を取ったエル・マリアッチでは、教訓が実際具体化し始めた。トラビス・ヒル牧場での乗馬は伝説になりそうである。ピスモ・ビーチのボブの携帯電話ショップでは、悩み多き若者と出会い、気がめいった。ブエルトンで「デイズ・イン」を見つけた時のシドニーは上機嫌だった。ローリーは郷愁に浸っていた。これから親戚会でしなければならないことに対する重圧を少しでも和らげようとして、ずっとそんな風に回想しながら自分を暖かな覆いでくるんでいるのである。

ローリーの回想は細部にわたっており、会話がそのままコピーのように頭の中を流れている。この楽しいカー・コマによって、かなりの距離を走ることができ、彼の頭の中に浮かんでいる一連の出来事が、2人の結末、つまりLAXでシドニーとあっさり別れを告げた時のことまで到達した頃には、ファウンテン・バレーあたりまで来ていた。「やっぱりまだ魚みたいだな」とローリーと握手した時、シドニーが言った言葉、ドアの所で「奴らに素晴らしいストーリーを聞かせてやれ」と言い残していった言葉など、よどみなく出てくる。

「奴らに素晴らしいストーリーを聞かせてやれ」

ローリーはこの言葉に執着し、機械的にそれを繰り返し言っていた。そうしているうちにだんだん、ローリーにはシドニーと別れる時の無味乾燥とも思えるような単なる挨拶の言葉だったものが、シドニーからの最後でもっとも重要な教訓の言葉へと変わっていった。

「これだ！」ローリーは喜びのあまりハンドルを何回も叩いて叫んだ。「戦略計画は事実や数字だらけの通り一遍で客観的なもの、つまり単調な美辞麗句をつらねたようなものであってはならない。それは生き生きとしていて、力強いものでなくてはならない。それこそが会社が成功するための**ストーリー**なんだ！」

彼は、キトリッジ社が新戦略を策定する際に、このことを従業員に納得させなければならないことに気がついた。競合他社の強み、弱みなどの分析に関して100ページから成るバインダーを何冊も作り出し、軍部がえらそうにつけているような頭文字でそれを表したりしても、同僚達の心をとらえることはないだろう。戦略は1つのストーリーでなければならない。そして、そのストーリーにおいて、従業員全員が脚光を浴びるのである。彼らの前には精彩にあふれた世界が広がっていなければならず、彼らは提示された戦略がなぜ最良の行動方針であるのかということをはっきりと理解する必要がある。物事を力強く伝えることができるのは、ストーリーだけである。ローリーは自分が果たすべき任務も同じだとわかった。どのようにして戦略計画を策定するのかというストーリーをジムに伝えることだ。

彼はこのドライブの残された時間を使って、ジムに話すストーリー作りに専念することにした。シドニーが話してくれた方法が、なぜキトリッジ社はもちろんのこと、同じ問題を抱えているどの企業にも適切なものであるのかということを、説得力を持って示すことができるようなストーリーでなければならない。そこから先、車は高速道路の上をすいすい滑るように進んでいるように思われ、ほとんどホバリングのような感覚だった。コスタ・メサ付近で、彼は戦略の定義づけの重要性に関する章を作り上げ、405号線が5号線南行きと合流するレイク・フォレストでは、創造的な質問が頭に浮かんだ。そうやって進んでいくうちに、各ランドマークごとに次々と新しい連想が呼び起こされ、1km進むごとにストーリーを話すことができるという可能性に心躍るものがあった。高速回転をするタイヤと頭が1つに同化し、何km も進んでいたことにまったく気がつかなかった。サン・クレメンテに来ると、彼にとって古い友人とも言うべき太平洋が見えた。あたりは暗くなっていたが、闇に包まれた広い海が彼を温かく迎え、サン・ディエゴ郡への先導役となっていた。親戚会まで、あと1時間足らずとなった。

高速道路は暗く、不気味な程静かだった。その中をローリーは南へと進み続けた。両側には125,000エーカーを超える広大な空き地が広がっている。そのほとんどが、海軍基地であるキャンプ・ペンドルトンで占められており、オーシャンサイドから少し離れた所にある。しかし、夜のとばりも彼の士気にはかなわない。戦略を吟味していた時にストーリーのことに気づいたおかげで、士気は非常に高まっていた。人は長い旅の末辿り着く目的地に近づくにつれ、純然たるアドレナリンが勢いよく流れるのを感じるものである。

5号線南行きから56号線東行きに合流し、その後ポーウェイへと向かった。彼が東へと車を進めていくと、程無く小さな街から田舎の風景に移り変わった。さっきまで同じような住宅団地が並んでいたかと思えば、今度は4、6、10エーカー以上の農場が広がっている。8時45分ぴったりに、彼はよく踏み均された砂利道に車を乗り入れ、「イアースレイ農場」と書かれたポストを支えている赤杉のような2本の柱を通り過ぎた。看板はきっと子供達の手作りだろう。ローリーは親戚会の会場へと向かった。ヘッドライトの明かりで仮設の駐車場へ行く時、野ウサギが道を軽快に横切って行った。それから意気揚揚として深い、非常に満足そうなため息を1つつきながら、車を止めてエンジンを切った。

フランクの所有地は6エーカーに及び、そのほとんどが平地だった。遠くの方にテントのほのかな明かりが点在しているのが見えた。ローリーの右側50m程離れた所に、親戚会の活動の中心部、いわゆる「メインロッジ」があった。それは紛れもなく活動拠点であり、たいまつの炎が赤く燃え、騒々しい音楽が流れ、やかましいしゃべり声は天まで届くようであった。

ローリーが空き地から親戚のいる所へ入って行くと、ガヤガヤと人の声が聞こえた。そしてすぐに、彼は親戚会ではお決まりの挨拶を受けることになった。彼らは、挨拶をされる人間が実際に親戚の一員かどうかまったく気にも留めず、温かくて活気にあふれた出迎えをするのである。たとえ切り裂きジャックが暗がりから飛び出してきても、同じような歓待を受けるだろう。熱烈な歓迎を受けている最中に、ローリーは奇妙な声を聞いた。

「君は誰かな？　誰だ？　ハンナのだんなか？」

ハンナがウェルカム・パーティーを先導し、温かい歓迎の抱擁でローリーを包み込んだ。2人は一言も言葉を交わさなかった。そのうち、ローリーは大勢の親戚に取り囲まれた。ハグとキス、自己紹介が次々となされ、目が回る程だった。

「会えてうれしいよ」

「いとこのマットです」

「トレッドミルを原価で手に入れられるというのは君かい？」

「やあやあ、ハグしてくれ！」

「おお、ハンナが言ってたよりもずっと男前だな」

そうしているうちに、ローリーは親戚会の一員となり、目まぐるしく彼のまわりに集まっていた男性、女性、子供達の波が徐々に引いていった。彼は部屋中にはね返る至福の音や光景を大いに楽しんでいた。叔母、叔父、いとこ、誰もが名前で呼び合っている。ハグ、キスをしたり、背中をぽんと叩きながら、どこも会話が盛り上がっている。いつの間にかジム・トービンまでもが、これに加わっていた。ローリーは、会社の重鎮が、初めて社交界に出た少女のように部屋中を跳ね回っている姿を見つけた。そして、10代のいとこのベンとジェフがそのジムの後ろにぴったりはりつき、ハサミを振りかざしているのを目撃した。きっと子供達はネクタイを切り落とすことでも考えているのだろう。

ハンナは再びローリーを見つけ、パーティーの輪の中にいる彼を部屋の隅に引っ張って行った。彼女の顔には何かわけのありそうな表情がうかがえた。「養子縁組仲介業者のヘンリエッタからまた連絡があったの」と彼女は言った。

ローリーはすかさず言った。

「支払いのことだろ、わかってる。支払いだな。来週の初めには済ませよう」

彼は自分の方へ直行してくるジムに視線を奪われ、話を中断した。差し当り、いとこのベンとジェフから逃れてきたのだろう。そしてまた、話し出した。

「まあ、これからの10分がどういう状況になるかによって、それもはっきりとするさ」

ハンナはそれに対し尋ねるような表情を見せたが、ジムがローリーの手を取ろうと手を伸ばしてきたため、彼女はその思いを伝えることができなかった。彼はローリーの手をぎゅっとつかんで言った。

「なかなかいいパーティーだね」

「楽しんでます?」

とローリーがそれに答えた。

「ええ、素晴らしい人達だ。あのパジャマを着ているデュークおじさん、彼は実に面白い人ですね」

ローリーはうなずいた。ペイズリー柄のサテンのパジャマズボンをはき、片手にビール、もう片方の手には『ウォール・ストリート・ジャーナル』を持って通り過ぎるデュークは、みんなから敬愛されているのである。

「ところで、君からの報告を心待ちにしていたんですよ」

とジムは期待を込めて言った。

「僕もですよ」

とローリーは心の中で秘かに笑いながら言った。

お祭り騒ぎをしている群衆がよろめくようにして、ロッジの木製の広いテラスへと歩いて行った。すると誰かが「Stand by Your Man をかけろ!」と叫んだ。その要求に対し「ウー・フー」という声がいっせいに湧き上がり、そこらじゅうにこだまして、満天の星が輝く夜空にまで届きそうだった。少なくとも親戚会の主催によるここイアースレイ農場では、夕食前に酒を飲んでくつろぐ憩いの時間が早くから始まり遅くまで続く。叔父のフランクがステレオの方に歩いて行くと、そこにあった何枚ものCDがポーンとはじき飛ばされて投げ出され、どさりと下へ落ちた。その数秒後、鼻にかかった声のタミー・ウィネットが、体を揺する耳の肥えた聴衆にセレナーデを歌い始めた。

歌はだらだらと続いていたが、明らかに親戚会のメンバーはそれ程カントリーミュージックのファンではなかった。なぜなら、彼らは古い45回転のレコードのように同じ歌詞にはまっていて、

「Stand by Your Man」ばかり何度も何度も繰り返していたからだ。切なく哀れっぽい声に浸っている余地もなく、ジムはローリーをじっと見つめていた。ローリーはおそるおそる皆の方へ行き、大声で言った。

「すみません、皆さん、少しだけ声を落としてもらえますか。ジムと話をしなくちゃいけないことがあって」

この願い事をスワヒリ語で言った方がよかったのか、それともテラスの端に植わっているヤシの木の1本にでも向かって言えばよかったのだろうか。ほろ酔い集団は「Stand by Your Man」の哀愁を表現しながら歌い続けている。

明日になれば、この建物の別の片隅でジムと話した方が賢明な対応だと気づくのだろうが、この時はこの状態をなんとかし、新しく彼が確信したことをジムに話したいと思うあまり、その方法に気づかなかったのである。いや、この場で決着をつけるんだ。彼は挑戦的な態度で皆の所につかつかと歩いて行き、叫んだ。

「声を下げてくれ！」

それに驚いた一団は突然、その陰鬱な歌をやめてローリーの方を見た。群衆の奥から声が上がった。

「おい誰か、このカチカチ頭のローリーを何とかできないか？」

一瞬の緊張感から解き放たれた彼らは大笑いを繰り返し、その騒ぎはもう爆発寸前の状態だった。その時、ハンナが一団に逆らって勇ましく群衆から抜け出て言った。

「ほんのちょっとでいいから！」

その効果は魔法のようだった。手に負えない一団が即座に散っていった。たわい無い会話をし始める人もいれば、バーへ引き上げていく人もいる。そして、中にはテラスに点在している籐のいすに静かに座っている人もいる。ローリーはあぜんとしながらも、急いで妻へ感謝の意を示した後、ジムの方を振り返った。

「ジム」と彼は難なく落ち着き払って言った。

「これからあなたに1つのストーリーをお聞かせします。**キトリッジ社のストーリーを語る**というストーリーです」

そこからローリーは自分の論述を始めた。戦略を定義づけることの重要性、つまりなぜ全員定義に関して一致していることが重要であるのか、またそれによって効果的なコミュニケーションがとれるようになるということについて、ジムに話した。「どのストーリーにも調査が必要なんです」と彼は説明した。そして、有力な戦略について議論する前に、下準備をする必要があるということを述べた。また、戦略策定の背景を用意するため、創造的な質問をし、現状と予想される将来の環境を検討することについても触れた。ジムが熱心にうなずいていたので、ローリーはそのまま話を続けた。彼はプロセスの早いこの段階で、組織の中心的な目的となるミッションを作成したり確認したりする必要があるとする根拠を示し、それによって将来の意思決定がすべて導かれるという基盤をどのように確立していくかということに関して詳しく説明した。

ローリーは横目で、誰かがこちらに近づいてくるのを感じた。ハンナである。ローリーは、自分のそばにハンナがいる状態でこんな風に雄弁をふるうのが少し決まり悪かったが、彼女は自分を信頼してくれていると思えば力が湧いて、どぎまぎしそうだった自分を抑えることができた。新たに活力を得て、彼はストーリーの次の章となる、企業を前進させるものが何なのかを判断することについて話をし出した。それからさらに、自信を持って話を進めて行った。4つのレンズを挙げ、それらが戦略計画策定に関する基本的な質問に対し、答えを出すのに役立つものであることを説明した。

デュークがジムのそばへにじり寄っていた。そして、叔母のグウェンが、次にいとこのサラも急いでやって来た。観衆が増えるにつれ、ローリーの自信はかき立てられていくようだった。しっかりとした確信と情熱を持って、プロセスの次の段階を話した。どのような製品・サービスを提供すべきか、どの製品・サービスに重点をより多く置くか、置かないかということをきちんと決めるというものである。

ターゲットとする顧客を決めるという次の章に話が行き着いた時、ローリーはもうすっかり主導権を握っていた。彼のまわりに集まる人々の数が膨れ上がってきた時も、調子よく話しているリズムが崩れることはほとんどなかった。彼の肘の近くで耳をそばだてているのは、まだ幼いいとこのホーリーだった。彼女は叔母のキットに優しく抱きしめられていて、2人共、全身ピンクで着飾られていた。ローリーの話はいよいよクライマックスに達した。どのように販売していくかを決める、コスト・リーダーシップや差別化の考え方のあらましを記すという重要な内容について、説得力を持って論じた。

その時、彼を取り囲む人達は肩と肩が触れ合う中で、彼が発する一言一言を熱心に聞いていた。シドニーに満足してもらえそうな間をドラマチックに入れてから、彼は簡潔かつ真摯にこう言って話を結んだ。

「ということでジム、これがわがキトリッジ社を勝利に導く戦略計画の策定方法です」

部屋にいる皆の目がジムの方にぱっと振り向いた。今やジムがどういう反応を示すかによって、一団が熱狂するか、それとも哀れな縁者のローリーの運命を嘆き悲しみながら、テントに戻っていくかが決まるのである。

「素晴らしい！」

とジムは叫んだ。

「あなたならできると思ってた！」

その瞬間、部屋には歓声が沸き起こった。普通なら優しくカチンとぶつけるグラスも、皆喜びの祝杯にガチャンと激しくぶつけ合っている。それぞれの家族が寄り集まったこの親戚会で、全員が一緒になって祝っている。子供達は何が起きたのかもまったくわかっていなかったが、足をふらつかせながら大はしゃぎで踊っている。

「Stand by Your Man だ！」

と誰かが叫んだ。いつの間にか突然わけもなく、それが親戚会を祝う歌になっていた。歓声をあげる一団がテラスに戻って踊っている。興奮状態のままローリーは、ジムやハンナと共に部屋にぽつんと取り残された。

「来週には、正式なプレゼンテーションに取り掛かれますね」

とジムが言った。

「ああ、よかった」

「月曜日に、あなたをアビーに紹介します。彼女は今回の件で、あなたと一緒に先頭に立ってやってもらうことになります」

ローリーは得体の知れない不安に襲われた。もともと戦略に関することすべて、マークの任務をしぶしぶ引き受けたのである。「マークはどうなんですか？」と彼は尋ねた。

「このことは月曜日に公になるんですが…」

ジムは用心深くあたりを見回したが、ハンナとローリー、それにフランクの勇敢なポメラニアンしかそこにはいなかったので、話を続けた。

「マークは会社を去ったんです。倫理上の問題があって」

彼は首を振りながら、「カーソンがそれに気づいていなかったわけないんですけどね」と言って話を終えた。

ジムはローリーとハンナにおやすみを告げて、親戚の間を通り抜け、夜の闇へと消えて行った。ついに、ローリーとハンナ2人っきりになった。

「本当によくやったわね」

と彼女はローリーの胸にもたれて言った。

彼は彼女の腰に腕を回して抱き上げ、「愛してるよ！」と大声で言った。

ハンナは口を覆われてこもった声で言った。

「ヘンリエッタから今日連絡があって、メッセージと一緒に興味深い添付ファイルが送られてきたの」

風船から空気が抜けていくように、ローリーは急に落ち込んだ。

ハンナは指で彼の口をふさいだ。そして、ポケットに手を入れ、携帯電話を取り出して、「違うの」と言った。

「支払いだろ、わかってるよ」

彼女は携帯の写真をスクロールさせて、赤ん坊の画像の所で止めた。それは、女の子が欲しいと願う時に夢にまで見るような顔の小さな天使だった。その写真を見たローリーがハンナに視線を移すと、彼女はいたずらっぽくくすくすと笑っていた。そしてローリーが「これは…」と言うと、ハンナはこくんとうなずいた。彼らは抱き合って、もう足で自分達を支えきれなくなる程くるくると回り、ついに喜びに我を忘れて床に倒れ込んでしまった。

「もう1度見せてくれ」とローリーが頼んでいると、自分の携帯電話が鳴った。彼はその電話を無視しようとした。彼の忘れられないこの大事な瞬間を、電話ごときささいなことで邪魔されたくなかったのである。しかし、直感が働き、その感情は押し流された。彼は携帯に手を伸ばした。それはシドニーからの電話だった。

「シドニー！　トレバーはどうですか？」

「峠を越したよ。大丈夫そうだ。すぐにまた、自由にリスの大群を追いかけ回すようになるさ」

「それはよかったですね」

「君の方はどうだ？　ジムとはどうなりそうだ？」

ローリーは、ハンナの携帯電話に映し出された不鮮明だが天使のような画像をずっと見つめたまま、シドニーにお礼を述べることから始めた。いろいろなことを教えてくれたこと、またとりわけ、ローリーにとって最後の新発見となった「ストーリーを聞かせろ」というシドニーの言葉に対し、感謝の意を伝えた。それから彼は、今夜起きた出来事に関する自分の話をして、シドニーを喜ばせた。ジムとの会話を一部始終伝え、ジムの反応がとてもよかったという話をして回想を終えた。

しーんと静まりかえった後、シドニーが言った。

「いつも言ってるように、どんな状況にあっても、そこから脱する方法は考えれば見つかるものだよ」

ロードマップ戦略のプロセスとモデルの要約

ローリーは大成功をおさめた。シドニーの助けを得て、彼は戦略計画を創り出す簡潔なプロセスを考案した。そして、読者にももちろんそれは可能である。ローリーが学んだように、戦略計画を強力で効果的なものにするためには、複雑にする必要はなく、ただ組織の本質、特性そして成功にとって土台となる基本的な質問に答えるだけでよいのである。

図表S．1は、この物語で説明してきたプロセスを示したものであり、これを本書の原題に基づいて、「ロードマップ戦略」と私は呼んでいる。

以下のステップにおいて、戦略計画のプロセスをレビューし、そうすることで、2人の登場人物が国道101号線を南下する旅の中で議論してきた重要な点と質問を要約することにしよう。

第1ステップ…本書を戦略チームに読ませる

こんなことを言うと、必死になって本書を売り込み、世界中でサイン会を行い、飛行機のマイレージでも貯めようという魂胆かと思われるだろうか？　いや、まったくそうではない。もし、読者が本書に書かれているプロセスを試してみようとするなら、戦略計画を策定しようとするチーム、つまりシニア・マネジメントが、その使用方法について理解するということがきわめて重要なのである。したがって、読者が計画を策定し始める前に、チームのメンバー全員がこのモデルを理解し、同じ視点に立つようにさせるためには、本書を読むことが、このプロセスの第1

図表 S.1　ロードマップ戦略

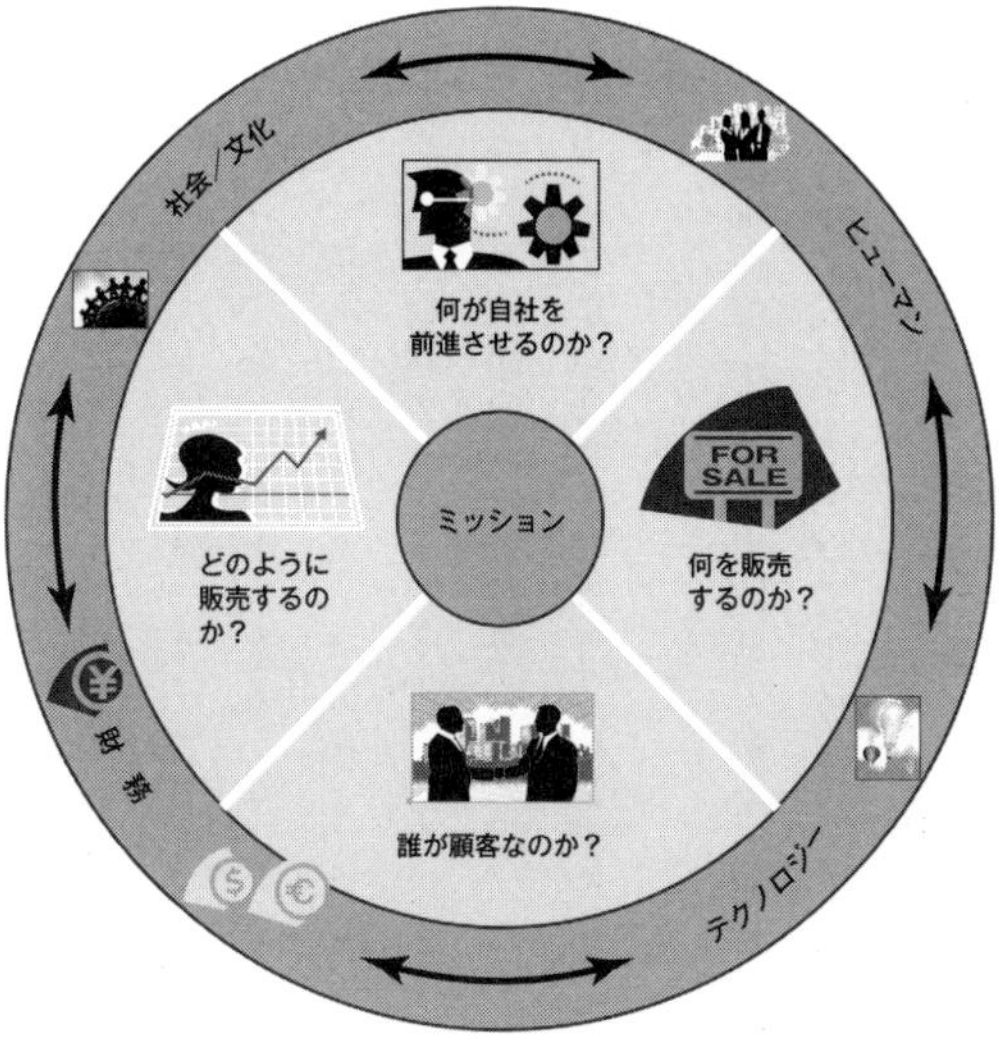
社会／文化
ヒューマン
テクノロジー
財務
何が自社を
前進させるのか？
FOR
SALE
何を販売
するのか？
誰が顧客なのか？
どのように
販売するの
か？
ミッション

ステップとなる。

この提案が私の利益を図るためのものではないと示すことは困難であるが、本当に違うのである。実際、これは時間とお金を節約し、戦略計画の失敗を防ごうと意図したものである。私は、バランスト・スコアカードにおけるコンサルティングを10年以上にわたり行ってきて、弱体化症候群に陥る多くの組織の取組みに関与してきた。それは次のようにして起こる。シニア・チームのメンバーの1人がバランスト・スコアカードの本を読む。それは私の本かもしれないし、キャプランとノートンの本かもしれない。彼はそのアイデアが気に入り、その主唱者となる。そして次には、私が直ちにスコアカード・システムの開発の手助けに、現場へと出向いているといった具合である。チームの中には、この概念を喜んで受け入れる者もいれば、いやいや引きずられていく者、また関心も示さずにただ黙って従う者もいるが、いずれの場合にも一般的に、このモデルがどういうものであるのかを、本当に理解しようとする努力が十分なされていない。こうしたケースでは、すべての人々が同じ視点に立っていないことが明らかである。バランスト・スコアカードはきわめて定評のある成熟した方法論であり、ほとんどのシニア・エグゼクティブはそれに精通していないことを認めたがらない。彼らは単に「スコアカード、ああ、もちろん知ってるさ」と言うだけで、このシステムの緻密さや複雑さをまったく理解しないまま、さっさとワークショップを進めてしまう。したがって、この取組みの初期段階の多くは、このシステムに関するチームの誤解を解いたり、システムの多くの詳細事項を指導するのに費やされるため、貴重な時間や労力を無駄にしてしまうのである。

私が本書で推奨するモデルも同じである。確かに表面上は簡潔であるが、このプロセスから価値を引き出すためには、このプロセスをチームのメンバー全員が本当に理解することが不可欠なのである。たとえば、チームのメンバーは皆、進んで仮定に疑問を投げかけ、顧客の視点から製品やサービスを体験し、ミッションと戦略が密接に関連していることを受け入れ、中心となる質問がどのように整合しているかを把握し、こうした質問に答える際に役立つ４つのレンズをどのようにすれば使用できるかを理解しなければならないのである。

第2ステップ…戦略計画を策定する理由を断定し、戦略という用語を定義づける

シニア・チームをこのセッションに呼び集めよう。その目的は2つある。われわれがどんな試みに着手するにしても、自問すべきもっとも重要な質問の1つは「なぜ」、である。なぜそれをしようとするのか、そしてなぜ今なのか。これらの質問に対する答えは、その行為に携わる目的を生み出し、将来の行動を導き、現状に満足してしまいそうな時に緊迫感を生み、そして最終的にわれわれが行う意思決定の理論的根拠を伝達するのに役立つのである。

シニア・チームを招集して、各メンバーが戦略計画を策定する目的について、つまり、なぜ戦略を作り上げるために必要な、多大な時間と努力を投入するのか、そしてなぜ今なのかという点について意見を共有しておくようにさせなければならない。さらに、このプロセスから何を達成したいか、またこのプロセスが組織の前進にどれほど役立つかということも共有しておくべきである。少なくともチームのメンバーが1人でも、組織の過去のどこかの時点で、戦略計画策定に関する苦い経験をしたことがあるのなら、それはショックなことである。こうした悪の権化を振り払い、一致団結して当たるべきは、計画策定のために会議室にこもる初日の朝ではなく、今この時である。

第2に、これも同様に重要であるが、このセッションのアジェンダ項目は、戦略という用語の定義について意見を一致させることである。シドニーがローリーに戦略を定義づけるよう迫り、2人の同僚にも同じことを要求し、その結果、3つの異なる戦略の定義が生まれたことを読者は思い出されるであろう。読者も同じことを自分の組織で試してもらいたい。おそらく同じようなことになるだろう。もしチームの各メンバーがこの用語について独自の定義づけをして計画策定ワークショップに臨めば、間違いなくとるべき方法に関して、結論や提案が異なるものになるだろう。このステップでは、戦略を定義して基本原則や境界を定め、作用する範囲内で知的および心理的な領域を作るのである。

ロードマップ戦略モデルに従えば、戦略の定義は、「組織が事業環境を認識し、ミッションを追求する際に採択する広範な優先事項」となるだろう。こうした幅広い優先事項は、このモデルが提起する基本的な戦略の質問に答えた結果、決定されるものである。これをしっかりと明確にすることで、今後どういう展開になっていくのか、これから行っていくセッションの中で、何を皆で構築することに焦点を当てていくのかということを理解し合えるようになる。

第3ステップ…これまでの仮定に疑問を投げかけ、顧客の視点で物事を体験する

中学2年生のある日、科学の先生が行った授業を忘れることができない。どういうはずみでそうなったのかは思い出せないが、先生は黒板のところに大股で行き、力強く大文字で「仮定する（ASSUME）」と書いた。彼がしばらくこの言葉を見つめた後、生徒達の方を振り向くと、皆あぜんとしていて、先生が自分達に何を期待しているのか誰1人わからなかった。結局、彼は黒板の方にくるりと向き直り、こう言った。「根拠のない仮定を置くと…」そして、声に出しながら黒板にこう書き始めた。

「みんな笑い者になっちゃうよ（When you assume, you make An ASS out of U and ME）」

読者はおそらく、これについて聞いたことがあるだろうが、今にして思えば、この授業はおそらく、実際に共感できるというだけでなく、先生が教室で品のない言葉（ass）を書いたり口に出したことにショックを受けたから、心に残っていたのだろう。どちらにしても、この言葉を自分のものとしてしばしば用いている。とくに、これまでとは異なる不慣れな状況に直面した時にはそうするのである。私はこの概念について極めたと言うつもりはないが、少しばかり自分を落ち着かせ「この状況についてどのように仮定するのか？」と自問するのは上手になった。この簡単

な質問は、長年にわたり問題解決をする時に、多くの可能性を生むのに役立ってきたもので、読者が戦略計画策定の取組みに入るための重要な考え方となる。現状、もっと適切に言えば、読者の目に映っている現状について自ら進んで疑問を持たなければならない。隠された仮定を明らかにすることによって、とくにグループで取り組む場合は、すべての参加者が他の人の考え方から学習し、これまでの見方を疑問視し、そして最終的にはあらゆる状況に対応できる、より広範な策を引き出すことができるようになるのである。

知的な介入も多少効果はあるが、仮定に疑問を持つ最良の方法は、外に出て実際にいろいろなことを経験し、異なる観点から状況を見ることである。本書で、シドニーは前ニューヨーク市交通警察本部長のビル・ブラットンの実話を述べている。彼は部下の考え方に変革をもたらすためには、「動く下水道」と呼ばれる地下鉄システムに関して、彼らが固く信じている仮定に、疑いを持たせる必要があると理解していた。そして、それを可能にさせるたった1つの方法は、その「下水道」に彼らを実際に乗せてしまうことだった。地下で起きていることを自分の目で見て、聞いて、感じて、触れて、そしてあえて言わせてもらえば、おそらく経験することで、彼らは見張り中に実際起きていることについて進んで考え、思い切った変革をしようという気になったのである。

象徴的なデザイン会社であるＩＤＥＯは、泡立て器からＣＤプレーヤーに至るまで、どんな物に対しても飛躍的な発展を請け負ってきたが、新しいクライアントと取引をする時はいつでも、実際に直接関与し、顧客の視点から物事を見るというアプローチをとっている。それはどんな産業に関しても同様である。たとえば、ニューヨークのメモリアル・スローン・ケタリング癌センターでは、ＩＤＥＯは病院内のシステムに沿って患者が実際どのように移動するかについてつぶさに観察し、患者は治療を受けるまでに長時間待つのを嫌がっているというこれまでの仮定を、すぐさま打ち破ってしまった。彼らには、もっとストレスを感じる心配事が他にあったのである。たとえば、その日に治療を受けられるかどうかを判定する血液検査の結果を待つことなどがその例である。こうした経験に基づく発見事項が、大きな変革につながっていった。ＩＤＥＯが、メキシコのセメント会社であるプロダクトス・セメンテロス・メヒカノス（Productos Cementeros Mexicanos）の仕事をした時には、まず第1段階として、エグゼクティブをセメントのトラックに乗せて顧客を訪問させた（注1）。

読者の顧客が読者の製品やサービスについてどのように感じているかを正確に知っている、あるいは顧客がどのようにそれらを使用しているかを正確に知っているという仮定をずっと持っていてはいけない。現場に出掛けて行き、しかるべき努力をすべきである。観察し、聞く耳を持ち、そして質問をするのである。そうして初めて、戦略のブレークスルーを引き起こすのに必要な経験に基づいた知識を手にすることになるのである。

第4ステップ…ファクト・ブックを作るためにシニア・リーダーシップ・チームにインタビューを行う

求める将来像を作り上げる前に、読者は現状を理解し、過去から学ぶ必要がある。そのためこのステップでは、それに役立つよう、シニア・リーダーシップ・チームのメンバーに質問票に答えてもらうことが必要となる。

図表S．2には、読者が自らの質問票を作る際に選択すべき数多くの質問を挙げてある。その中には、現状を評価し、将来の環境を予測するのに役立つ質問およびロードマップ戦略モデルの基礎となる4つの基本要素に焦点を当てた質問などがある。このリストを作成した目的は、選択すべきもののメニューを提供することであるが、読者の会社のエグゼクティブに対してこれらの質問をすべて行うことのないよう強く勧める。図表S．2には26の質問があり、もし読者がエグゼクティブにすべての質問に答えることを要求すれば、彼らは長大な時間を割くことが求められ、大きな反発を生むことになり、最終的には「ファクト」ブックではなく、「ファット」ブック（厚いだけの報告書）になってしまうだろう。最大でも15程度の質問にすることを勧めており、そうすべきと言ってもよいだろう。

図表S．2　ロードマップ戦略の質問一覧

質　　問	何に関連した質問か	注　　釈
10年前を振り返り、現在に至るまで世の中で何が起きたかを考える。iPod、ハイブリッド車の流行、イラク戦争などを思い浮かべただろうか？　これらは世の中で起きた一般的な事柄の数例であるが、この10年の間に、自社の事業環境において何が起こっただろうか？　革新的な変化があっただろうか？　次に、10年後に目を向けて見る。ここから先10年の間に私達に影響を及ぼすと思われるものを簡潔に述べてみる。主な動向、顧客やステークホルダーの期待、テクノロジーの変化、人口問題、政治的あるいは経済的な問題などについて考えてみる。	環境の精査	これはきわめて重要な質問であるが、長いことは私も認める。しかし、私の経験からすれば、質問の数が増えていくにつれてインタビューを受ける側のエネルギーも徐々に衰えてくる傾向にある。したがって、最初から全力を注ぎ、自社の環境に影響を与える可能性のある重要な領域すべてについて真剣に考えてもらうような質問をしよう。
上記の質問（将来を考える）は、水晶球を覗き込み、将来を予見させるためのものである。読者は今日とは異なると思われる多くの事柄について想像しただろう。	環境の精査	これもまた長い質問であるが、同様に非常に重要である。この質問は自社の環境における安定性という点に関するものである。われわれは皆、変化には非常に過

今度は少し視点を変えて、将来をもう１度見てみよう。今回は環境が安定しているとすれば何が見えるだろうか？　言い換えれば、今後数年間に変化しないものは何なのか？		敏である。またそうあるべきだが、変わらないものがあることを認識することも重要である。なぜなら、それは戦略に影響を与える場合があるからである。
大量の人的および財務資源を投じて新しく作られた組織は、どのように自社を時代遅れに陥らせるだろうか？　その組織が自社を確実に崩壊させるためには、どのようにする必要があるのだろうか？	環境の精査	この質問は脆弱性を知るということに焦点を当てている。
自社特有の強みは何か？	SWOT	これは伝統を誇る「SWOT」（強み、弱み、機会および脅威）モデルに基づいた数ある質問のうちの第１問目である。強みを考える時には、慣例として組織の内側（スキル、プロセス、能力等）を見る。
自社には、将来強みになりそうなものとして、どのような特色、スキル、才能があるのだろうか？	SWOT	組織内には利用されていない強みや状況により条件づけられた強みがある。この質問によりそれらを列挙することができる。

自社特有の弱みは何か？	SWOT	一般的に、この質問は組織内部の弱みに焦点を当てている。
将来弱みとなりそうなプロセス、スキルあるいは能力はあるか？	SWOT	強みに関する質問と同様に、この質問は将来を考えさせるためのものである。
自社にとってどのような機会が存在するか？	SWOT	一般的に、機会の観点は外部的なもの、すなわち企業の外部を見ることにある。たとえば、機会を短期、中期および長期といった時間枠によって表すと、質問するのに有用である。それが策定する戦略に影響を与える場合がある。
自社が直面する脅威は何か？	SWOT	上記と同様、時間軸ごとに脅威を表すことは有用である。
既存の強みと機会をどのようにすれば創造的に結びつけることができるのか？	SWOT	この質問はＳＷＯＴ分析の「分析」という要素に焦点を当てており、特有の強みを既存および今後生じる機会と、どのように結びつけていくのかについて、エグゼクティブに考えてもらう。

弱みと脅威が結びついた影響をどのように軽減するのか？	ＳＷＯＴ	これは上記の質問と反対のものであり、ここでは組織に損害を与えるように作用する弱みと脅威を結びつけ、どのように有害な結果を軽減させるのかをエグゼクティブに考えてもらう。
何が自社の収益と収益性を推し進めるのか？	推進力は何か	これと以下の２つは、４つの基本的な戦略の質問の１番目、「何が自社を前進させるのか」ということに焦点を当てている。本書に述べられた６つの選択肢のあらましを述べた質問を含めることを考えてもよい。しかし、それにはそれぞれの選択肢を説明するためのスペースを追加する必要があるだろう。その作業は実際の戦略計画策定ワークショップにとっておくとよいだろう。
自社が世界中でもっとも素晴らしい成果を出せるものは何か？	推進力は何か	他のどんな会社よりも素晴らしい成果が出せるものがあれば、それが自社の前進を推し進めるものを示しているであろう。

競合他社が真似をすることが困難な、自社特有のスキルや能力とは何か？	推進力は何か	ロードマップ戦略は競争に焦点を当ててはいないが、この質問は自社を差別化させるために使用できる特質に焦点を当てている。
大成功した製品やサービスがあるか？その場合、それらの特徴は何か？	何を販売するのか	「何を販売するのか」という質問に関してやるべきことは、第1にどの製品およびサービスにより重点を置き、またあまり重点を置かないかを判断することである。したがって、どの製品およびサービスがもっとも成功しているか、またそれがなぜなのかを判定することが重要である。
大失敗した製品やサービスがあるか？その場合、それらの特徴は何か？	何を販売するのか	上記の質問と反対の内容である。
顧客の中には自分の用途に合わせて、自社の製品やサービスに大きな変更を加えている者がいるか？	何を販売するのか	この質問は、製品やサービスの改良を特定するのに役立つ。
どの製品およびサービスが最大の利益を生むのか？	何を販売するのか	

どの製品およびサービスが最小の利益しか生まないのか？	何を販売するのか	
現在どこで（地理的な市場）販売をしているのか？	顧客は誰か	この質問と次の質問は回答者に既存の顧客と成功要因を吟味させるためのものである。
どこで販売をするのか、それはなぜか？	顧客は誰か	同上
大きく失敗している顧客セグメントはあるか？その場合、なぜこれらの顧客のニーズにうまく応えられていないのか？	顧客は誰か	上記の２つの質問と反対の内容である。
会社側が積極的に営業活動を行っているとは言えない顧客はいるか？それはなぜか？	顧客は誰か	この質問は潜在的な新規顧客グループを探し出そうとするものである。
一般的な顧客に比べてとくにサポートを要求する、あるいはしない顧客グループはあるか？	顧客は誰か	この質問は顧客の収益性に関連している。

どの顧客のニーズがもっとも急速に変化しているか？それはなぜか？	顧客は誰か	この質問により、自社特有の強みを用いて、変化していく顧客の行動に応じるようにする。
なぜ顧客は自社との取引を選択するのか？	どのように販売するのか	コスト・リーダーシップあるいはある種の差別化のどちらに焦点を当てるのかを決定することが、この質問の中心点である。これは、明確な戦略の基本要素として最良の質問である。

行うべき質問を選択する時には、これまでにしたことのないような質問、あるいは人を引きつけるような新しい表現方法の質問を探すとよいだろう。４つの基本的なロードマップ戦略以外に関する質問については、インタビューに１つか２つ、読者の好きなものを入れるとよい。そうすることで、戦略のワークショップの題材を提供することになり、セッション自体のインタビューで使用されなかった話題について議論を進めることができる。

第5ステップ：リーダーシップ・チームにファクト・ブックを配布する

1848年に始まったカリフォルニアのゴールドラッシュは、かなり前のことであり、私も砂金を採取したことはないので、金の採掘者のたとえを用いるべきではないかもしれないが、ここで試みてみよう。リーダーシップ・チームのメンバーが戦略策定ワークショップに参加する前に、ファクト・ブックをじっくりとレビューすることは、きわめて重要である。ワークショップの時に、彼らが自社の状況に十分精通した状態で、こうした現実を注意深くレビューしたことによって得た根拠に基づいて、自分達の意見を主張できるようにしておくためである。ここで、ゴールドラッシュの話をしてみよう。川で砂金を探し求める場合、1つの大きな金の塊を見つけるために、川辺の砂をかき分けて調べるだろう。しかし、それが見つかれば、その源にはもっとたくさん金塊があることがわかり、大鉱脈を掘り当てたことになる。この場合もそれと同様に、ファクト・ブックをレビューする時、多くの情報を調べることになるが、それによって読者がよりよい戦略という金のような貴重なものを手にすることになれば、時間と労力を投じる価値は十分にある。

第6ステップ…ミッションを作る、または確認する

組織の中心的な目的であるミッションを考察する時に、シドニーはローリーにこう言っている。「目的は、戦略の車輪の中心にある…」と。さて、ロードマップ戦略の図を見れば、その車輪のまさに真ん中にミッションがおさまっていることに気づく。

利益主導の企業にとって、財務的な成功は当然のことではあるが、それを超えた組織としての存在理由をミッション・ステートメントと定義づけている。より高潔な言い方をすれば、社会に対する貢献やチームがその仕事に携わるための動機が、ミッションには反映されている。

戦略は業務環境を認識し、ミッションの遂行を追求する際に採用する広範な優先事項の要点をまとめたものである。言い換えれば、ミッションは仕事の指針としての役割を果たすことで、戦略策定を導くのに役立っていく。仕事の方向性を提供することに加えて、ミッションを使用すれば、組織の中心的な目的に立ち返るような関係性を示すことによって、究極的に行う戦略の意思決定の妥当性を、リーダーシップ・チームは説明できることになる。

以下に効果的なミッション・ステートメントの特徴をいくつか示す。すでに読者がミッション・ステートメントをお持ちであれば、これらの特徴に照らしてその有効性を測定していただきたい。もしまだミッションをお持ちでないのなら、以下の項目が、自身のミッション・ステート

メントを作り上げる時に役立つだろう。

・　変革を引き起こすこと。ミッションは不変的であるが、組織内に大きな変革を引き起こすようなものとすべきである。ミッションは完全に実現されることはないが、変革およびプラスの成長を促しながら組織を前進させるものでなければならない。たとえば、3Mのミッションを見てみれば、「未解決の問題を革新的に解決する」となっている。直面している無数の問題を解決しようとする取組みの中で、3Mが数多くの新しく興味深い領域に至ったのは、きっとこの簡潔で強力なミッションのおかげである。

・　事実上長期的なものであること。ミッション・ステートメントは100年以上持続するように書くべきである。戦略はその間変化していくだろうが、ミッションはずっとそのまま組織の基盤であり、将来におけるすべての意思決定のための基本となるものでなければならない。

・　わかりやすく、伝わりやすいものであること。ミッション・ステートメントに専門用語を入れる余地はない。ミッション・ステートメントはすべての読者が容易に理解できるよう、平易な言葉で書かなければならない。人を引きつけ、記憶に残るミッションとは、直感的に人々の心に届き、内容が伝わり、人々に組織の役に立とうとやる気を起こさせるものである。実際ミッションは、読者が掲げた目的を支持してくれる志を同じくする人々を引きつける上で、助けとなる価値あるものと考えてよいだろう。

読者の組織が、現状ではミッション・ステートメントを有していないのであれば、シドニーがローリーに紹介した「5回のなぜ」を用いることを考えてみよう(注2)。まず、「われわれは製品Xを製造する」、あるいは「サービスYを提供する」というような記述から始める。それから「なぜそれが重要なのか?」という問いかけを5回行う。数回「なぜ」と問うことで、真のミッションが明らかになってくるのがわかるだろう。このプロセスは、ほとんどどのような製造業やサービス業にも機能する。たとえば、ある市場調査会社が「最高の市場調査データを提供する」というミッションを掲げていたとする。それがその後、問いかけを数回繰り返すと、「顧客がその市場を理解できるように手助けすることで、顧客の成功に貢献する」と変わることもある。「なぜ」という問いかけを繰り返すたびに、組織の真の存在理由が浮き彫りになり、どのような価値を生み出そうとすべきか、あるいはどのような貢献をしていくべきか、明白になってくるのがわかるだろう。

第7ステップ…4つのレンズを使用して4つの基本的な質問に答えることで、戦略を策定する

4つの基本的な戦略の質問と、読者がこれに答えるのに役立つ4つのレンズは、図表S.3のロードマップ戦略に再掲してある。

図表 S.3　ロードマップ戦略

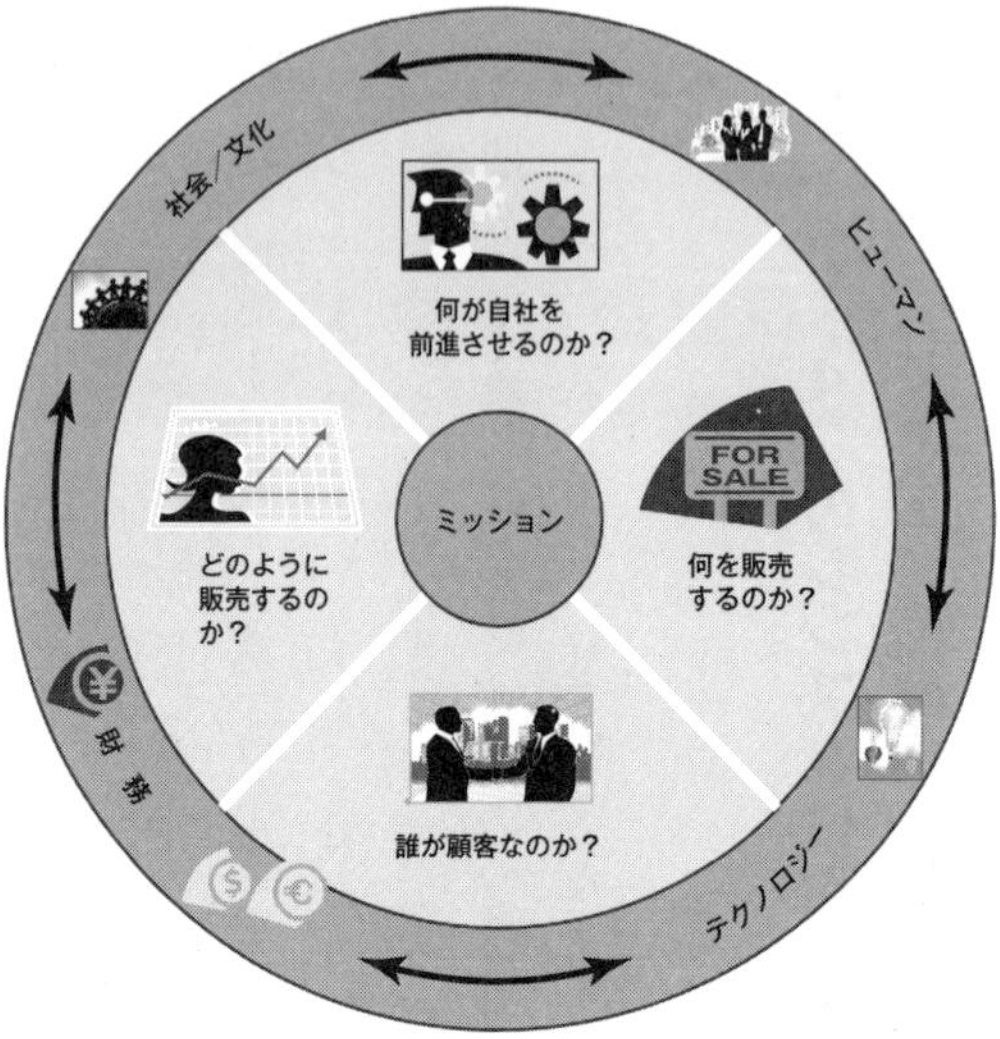
社会／文化
ヒューマン
テクノロジー
財　務
FOR SALE
何が自社を
前進させるのか？
どのように
販売するの
か？
ミッション
何を販売
するのか？
誰が顧客なのか？

以下では、図表にあるように、「何が自社を前進させるのか」という項目から時計回りに出てくる順序で、それぞれの質問について見ていこう。本書の物語では、４つのレンズは最初の質問の後で紹介されている。しかし、ここでは連続性を持たせるために、レンズについては最後の質問の後に述べることにする。

（1） 基本的な戦略の質問1…何が自社を前進させるのか？

どの組織も、たとえその意識がなくとも、行動を起こせばその結果、ある方向に前進している。4つの戦略の質問のうち、この最初の質問に答える時に読者がすべきことは、現在組織を前進させているものが何かを特定し、それがミッションや、ファクト・ブック上のインタビューの質問に対する回答によって学んだことから考えて、適切であるかどうかを確認することである。

その潜在的な推進力として、以下の6項目が考えられる。

1. **製品とサービス**：製品とサービスによって前進する企業は、多くの異なる顧客グループに、種々の販売チャネルを使って販売するだろうが、その焦点はコアとなる製品やサービスである。シドニーは航空機メーカーであるボーイングの例を使用していた。同社のテクノロジーやスキルをもってすれば、おそらく数多くの製品を設計したり生産することができるだろうが、ボーイングは航空産業に専念し続けている。

2. **顧客と市場**：顧客や市場に専念する組織は、多くの製品やサービスを提供するだろうが、それはすべて特定のコアとなる顧客に向けたものとなっている。ジョンソン・アンド・ジョンソンの製品は多種にわたっているが、共通点はたった1つである。製品は企業のコアの市場である、医者、看護師、患者そして母親のニーズに照準を当てている。

3. **キャパシティあるいは能力**：ホテルはキャパシティに焦点を当てている。ホテルは利用可能な一定数の部屋を有しており、目標はきわめて単純で、それらをすべて稼働させることである。航空会社は同じ前提の下で業務を行っており、利用可能な飛行機の座席を埋めることである。能力によって前進する組織は、特定の領域において熟練した特殊能力を有しており、そのツールすべてを可能な限りさまざまな製品や市場に対して適用するだろう。

4．技術：数多くの異なる製品や顧客グループに影響を与える、独自に開発した技術を活用する企業もある。本書で、シドニーはデュポンについて言及している。デュポンは、1930年代にナイロンを開発した。同社は釣り糸、ストッキングおよびじゅうたんなどを含む幅広い製品にその技術を適用した。

5．販売および流通チャネル：この焦点に関する重要な用語は、「何を」や「誰に」ではなく、「どのように」である。販売チャネル主導型の組織は、自社が選択したチャネルを通じて幅広い商品の販売を拡大していくだろう。テレビショッピングのネットワークはそのよい例である。1時間のうちに化粧品を買って、次にDVDプレーヤーを買うなんて、テレビショッピング以外でできるだろうか？

6．原材料：石油会社を例に考えてみると、販売する物はすべて地中から汲み上げた石油から派生したものとなる。こうした企業は、石油から多くの製品を作り出すためのスキルや技術を有するだろうが、すべては根源となる原料に直接由来したものとなる。

今日の研究には、マルチタスキングの問題について、本質を見抜いた上で、最終的にそれを非難する見方をしているものもある。ただA型の人間にとって、同時に複数の仕事ができる人はベストであり、もっとも緊密な協力者と言えよう。しかし結局のところ、ほとんどの人々は、数多くの課題を1度に処理できる程才能に恵まれてはおらず、明敏に物事を考えることはできない。そして、複数の課題に対処しようとすれば、自分に与えられた相応の分を超えたものについてはは失敗してしまう。われわれの注意力や集中力には限界を示す境界が定められており、組織も同様にその限界に従わなければならない。上述の6つの要素を再考し、虚勢を張って「これなら全部できる！」と断言する者もいるかもしれない。そういう人達は、自分達がこの6つの推進力すべてのバランスをとれれば、何とかすべての顧客のニーズを満たすことができるようになり、いつでも勝利者になれると考えている。しかし、現実はそれ程甘くない。そして実際のところ、このように焦点を欠いたまま、企業が活性作用を起こしてマルチタスキングを行っても、努力は拡散し、混乱が生じ、すでに変革に疲弊して無理を強いられている従業員から疑念が生まれ、結局は部分最適な結果となってしまうことになる。何が自社を前進させるかということを特定し、そしてそれを最適化することに焦点を当てなければならないのである。

(2) 基本的な戦略の質問2…何を販売するのか？

何が組織を前進させるにしても、レジを鳴らし続けて財務的なステークホルダーを満足させておくためには、顧客に対して何かを販売しなければならない。たとえば、『プレイボーイ』の推進力は顧客と市場であり、そのターゲットとされる市場は男性であるが、同社はそれでも販売すべきものが何であるかを厳密に判定しなければならない。ＱＶＣは独自の販売チャネルを推進力としているが、これもまた、そのシステムを通じて何を販売していくのかを正しく判断しなければならない。

この質問に関する課題は、現在提供している自社の製品やサービスを批評眼をもって検討し、将来何にもっと重点を置くべきか、そして何にあまり重点を置かないようにするかを決定するということである。周知の通りファクト・ブックは、セッションに入る前に、計画策定チームのメンバー全員が熟読しておくべきものであるが、そこに要約されたインタビューの回答と同様に、４つのレンズ（以下のセクションで論ずる）がその決定に役に立つであろう。

（3）基本的な戦略の質問3…誰が顧客なのか？

「何を販売するのか？」という質問と同様に、ターゲットとなる顧客を決定する場合、その最終目標は将来どの顧客（および地域）にもっと重点を置くか、どの顧客が注目するに値しないかを決定することにある。これを検討するにあたって、まず顧客満足度、顧客のロイヤリティ、顧客の収益性、顧客維持およびマーケット・シェアなど、常に測定している基準を精査することによって、既存の顧客をしっかりと理解しなければならない。もちろん、顧客の視点から物事を経験することによって、顧客の立場に立ってみることも必要であろう。

前述のような基準以外にも、この物語の中でシドニーが行った質問をすべきであろう。それは、「どの顧客のニーズがもっとも急速かつ劇的に変化しているのか、そしてそれはなぜなのか」「自社の方向性は顧客の動向と一致しているか」「どの顧客が自社の製品を大量に使用しているのか」などである。そして、非顧客についても考えてみる。「この業界が販売を推し進めないことにしているのはどの顧客層か」「現状で自社の製品やサービスを利用しないのはどのような人々か？　その人々に対して何らかの調整をしたらどうなるか？」これらのユニークな質問と上述の一般的な基準を結びつけることで、間違いなく興味深い洞察が生まれることになろう。

多くの組織は自社の競争相手の動向を詳細に吟味し、それに対応することによって、ターゲット顧客を決定する。私自身も競合他社を監視する傾向にあるが、分析や意思決定を行う場合、常に焦点は顧客と非顧客に当てるべきである。本書でシドニーは、ジェフ・ベゾスの言葉を引用している。「競合他社は決して自社に金をもたらしてくれない」。私はこれまで自分の競争相手からぴた一文もらっていないと記憶しているが、読者はどうだろうか？　同様に、競合他社のことについては、口コミのメディア会社であるBzzAgentのCEOであるデイブ・ボルターはこのように言っている。「ほとんどの企業は、内部でのプレゼンテーションは機密事項だと考えている。当社では販売に関するプレゼンテーションは、当社のサイトに公然と開示している…もし競合他社がわれわれのスライドを見たいと思ったとして、それがなんだというんだ？（注3）」なんと大胆な！　しかし、それが真実であり、競合他社を綿密に調査し、彼らが次に何を行うのか気をもみ、彼らの動きをすべて熟視すれば、おそらくはライバルが有しているいかなる強みもくじくために、彼らの意思決定を真似するようになるだろう。これに時間をかけ数多くの企業が関与すれば、業界全体がイノベーションに欠ける状態になり、その中で各企業は、たとえそれが紙一重の差であったとしても、最後に残されたわずかなマーケット・シェアを容赦なく追い求めることになるだろう。

(4) 基本的な戦略の質問4…どのように販売するのか

中心的な目的の要点を示すミッションを定め、何をもって自社の前進を図るのかということについて合意し、何を販売するか、誰に販売するかを決めた後に、最後の質問が残っている。それは、なぜ顧客が自社製品を購入するのか、ということである。これが基本的な戦略の4番目の質問の本質である。読者は、顧客や潜在的な顧客に自社の価値を明確に示さなければならない。それは、まず彼らの注意を引き、最初の取引を通じてその注意を引きとめ、保ち、願わくば長期にわたって繰り返し購入してもらうためである。選択肢は限られており、基本的なものである。顧客に対して最低のトータル・コストで提供しようとするのか、あるいは**差別化された**製品やサービスを生み出すかのいずれかである。

効率性のよさでは典型的な企業となっているウォルマートのように、最低のトータル・コストで競争する企業は、能力、プロセスおよび資産に対して多大な投資を行ってきた。それによって、業務を標準化し、決められたやり方を繰り返し行うだけでよくなり、結果的に顧客に低価格で商品を提供できることになったのである。マクドナルドもファーストフード・レストラン産業で、同様のアプローチをとっている。あのビッグマックを食べながらじっくり雰囲気に浸ることはないだろうが、都心にある小さなフランス料理のビストロと比べれば、その価格は実に適正である。

もし、差別化に基づいて競争することを選んだのなら、2つの道が考えられる。第1に、顧客と深くて豊かな関係を育むことに基づいた差別化である。したがって、焦点は1回限りの取引ではなく、何年間、おそらく何十年間も、あるいは一生涯続くような何かを構築することに当てる。製品やサービスの価格はそれだけ高くなるが、顧客の要求に関する知識、サービスそしてノウハウは、きわめてすぐれているため、顧客はそういう経験に対して喜んで多額の代金を支払うのである。ノードストロームを考えてみよう。そのカスタマー・サービスは伝説となる程有名であり、長期にわたって顧客が繰り返し店を訪れているのである。

2つ目の差別化の方法は、製品の性能のよさに基づいて競争するというものである。この方法をとる企業は、イノベーションやデザインに焦点を当て、最新で最高の機能を有する画期的な製品を考案し、限界に挑んでくる場合が多い。最近ではiPhoneというエキサイティングな新製品を生み出した歴史に残るような事実から考えても、アップルは製品リーダーと言ってよいだろう。

長年にわたり、私は自らのワークショップで、クライアントが追求するのは、最低のトータル・コスト、顧客との親密性（素晴らしいサービス、顧客との関係性の育成）、あるいは製品リーダーシップの3つのうちどれなのかをクライアントに尋ねている。決まって気まずい沈黙があり、こっそりCEOの顔色をうかがった後、大胆にも「でも私達は本当に3つ共追求しなければならないんです」と言って、その選択に煮え切らない答えを示すのである。一般的な反応として、人々はこれに対し、慣習的にうなずくだろう。しかし、もし読者がうなずくようなら、それは直ちにやめた方がいい。3つ全部を少なくとも完全に達成させようとするのは無理である。シドニーがこれについてうまく言っている。

「よいサービス、信頼性の高い製品、適正な価格というのはどのビジネスにおいても、ポーカーを始める時にテーブルに置く賭け金のようなものだということは認めよう。だが、俺が言っているのは、こういう販売方法をとるんだ、このように顧客に対して価値を付加していくつもりだという強い信念だ。ウォルマートやノードストローム、アップル、これらの会社はその約束を果たすために特定の能力や有形資産に大いに投資してきた。完全に3つのことをすべて実行するというわけにはいかない。その過程において、破産しかねない。それは君の会社に限らず、世界のどこの会社でもそうだ。さらに、意思決定に直面した場合、何に焦点を当てるか選択済みの企業はその対応の仕方を知っている。アップルはいざという時、常に製品に焦点を当てることになるとわかっている。焦点を定めていない企業では、首を切断されたニワトリのように、マネジャーが走り回ることになるだろう。どうやって対応したらよいかわかっていないからだ」

本書で提示された質問は皆重要なものであるが、もしコンセンサスを得るために読者のチームにとってもっとも重要なものを1つ選択しなければならないとすれば、まさにこれである。これは、多くの面でこれまでの質問に対する回答を集約したものであり、どのような意思決定や投資を行うにしても、それを押し進めることに重要な点で直接影響を与えることになるだろう。

4つのレンズ

さて、これら4つの戦略に関する質問に読者はどう答えるのだろうか。ロードマップ戦略の図の外側の輪に記されているのが、私が「4つのレンズ」と呼んでいるものである。これらのレンズはそれぞれ、思案中の問題について検討するためのレンズであり、代替案を練る場合に用いる異なる視点であると考えてみてほしい。

戦略の基本的な質問にひとつひとつ答えを出していく時、外側の輪にあるダイヤルを回して、異なるレンズにそれぞれ合わせて見るとよいだろう。金庫のダイヤルを回している時に正しい組み合わせというものは1つしかないわけだが、それがうまくかみ合うとカチッと音がする。それと同様である。4つのレンズを用いれば、質問とレンズの組み合わせはどれも成功する。なぜなら、どの組み合わせも新しい啓発的なやり方で、人々の意欲をかき立てるからである。

戦略計画策定のプロセスを通じて、仮定を疑うことの重要性を論じてきたが、これは種々のレンズを通して戦略の質問をそれぞれ吟味することによって仮定を疑問視する際に役立つ、もう1

つのツールなのである。それぞれのレンズについて、以下で要約しよう。

・**社会／文化**　シドニーがローリーに説明したように、「まず中心となるものから考え始めなければならない」。戦略の質問を検討、討議し、適切な回答を出そうとする場合、どの回答が組織として情熱を注いでいるものにもっとも合致しそうかを考えなければならない。たとえば、自社が独自に開発した技術によって前進し、技術的な業績について長年にわたり誇り高い伝統を有し、当然のことながら従業員がそれを誇りに思っているならば、焦点を顧客や市場、あるいは他の代替的なものへとシフトすることは、社会的・文化的な視点から考えて意味をなさないだろう。焦点をこうシフトすれば大成功につながるということを示す根拠は、従業員の心情を覆せる程しっかりとしたものでなければならない。

・**ヒューマン**　戦略の質問に対して選びうる回答を議論する際、チームのスキルと才能について、容赦なく現実的な判断を下すことが重要である。たとえば、チームのうちの3名が熱心なサーファーであるとする。そのためサーフボードを販売したいと考えるかもしれない。しかし、販売担当者が1度もビーチに行ったことがないとしたら、成功する確率はほとんどないだろう。こうしたケースでは、転換を図るために研修、あるいはコンサルタント（サーファーのコンサルタントだろうか?）、潜在的なスキルのギャップを埋めるための人材に積極的に投資しなければならないだろう。

・**テクノロジー**　テクノロジーは、事実上あらゆる産業において決定的に重要なイネーブラー（駆動力）となってきた。したがって、4つの基本的な戦略の質問に答える時、それを十分に考慮しなければならない。熟考中の回答は、新しいテクノロジーに対する投資を必要とするだろうか。現在使用しているテクノロジーはどうするのか、必要なくなるのだろうか。また、この4つのレンズが互いに影響し合っていることを理解することが重要である。新しいテクノロジーを用いるには新しいスキルを有する人々が必要となるかもしれない。これはすなわちヒューマン・レンズにかかわるものである。テクノロジーを導入するにあたり、もっとも脅威となるものであり、とくにベテランの従業員にとってはその兆候が強い。したがって、社会的・文化的レンズについてよく理解しておいた方がよい。

・**財務**　おそらく4つのレンズのうちもっとも基本的なものであり、見落とされることはまずないだろう。4つの質問に答える際に行われる意思決定はどれも、資源配分を伴う可能性がある。たとえば、スキル・ギャップを埋めるための従業員教育（ヒューマン・レンズ）、新しいテクノロジーへの投資（テクノロジーのレンズ）、あるいは選択した指針の論拠を示すためのコミュニケーション活動（社会/文化のレンズ）などがその例である。そして、その元帳において、それぞれの意思決定はその行動の過程を追求し、そこから生じうる収益や利益の観点から検証されなければならないのである。

第8ステップ…戦略を策定する

本書を書いている時、私はローリーがシドニーにキトリッジ社の戦略計画書を渡している場面を思い描いた。シドニーはその分厚い書類にまったく見向きもせず、走っている車の窓から即座にそれを投げ捨てるというものである。残念ながら、その場面を本書に盛り込むことができなかったが、巨大な計画書などまったく無意味だというのが私の考えである。そのため、ローリーとシドニーのその場面が、映画産業で俗に言う編集室に取り残されたままになっているのは、非常に残念でならない。

戦略計画の価値は決してそのようなものではないし、その重量で判断すべきではないと私は繰り返し述べてきた。インタビューのファクト・ブックからセッションにおけるフリップチャートに至るまで、こうしたものの作成にはきっと多くの木材が犠牲になるだろう。プロセス全体を通して議論したすべてのものを列挙することを推奨するが、それは最終結果を表すものではない。集中した審議を行った結果、最終的におそらく1パラグラフといったような簡潔なステートメントにすべきであり、それは基本的な戦略の質問への回答をまとめ上げたものとならなければならない。本書にある質問に答えることなしに、読者は直ちにそうしたことができるだろうか。私はもっともらしくマーク・トウェインの話をする。彼はある日、1人の友人に簡潔な手紙を書こうとしたが、言うは易く行うは難しであった。彼は結局、手紙で詳細に述べている。「短い手紙を書こうとしたのだが、それは難しかった。だから長い手紙になってしまった」

同じことが戦略計画の策定にも言える。ほとんどの組織は、直面している基本的な問題に正面から取り組もうともせず、頭がくらくらしてきそうな図表を用いた、まったくつまらない計画を作成するだけで、何の具体的な解決策にもつながらないのである。思い切ってこれまでとは異なる計画を作成してみよう。戦略の記述を簡潔にするということは、活発な意見や議論を批判するものではなく、実際のところこのような企業の理にかなった結論なのである。

戦略ステートメント（それを何と呼んでも構わないのだが）の構成については、4つの基本的な戦略の質問に対する回答をまとめ上げるべきだと示唆したことに注目してほしい。それはシェークスピアのような文章である必要はないが、ステートメントには物語形式の流れが必要で、単に4つの文章をでたらめにくっつけたようなものではない、叙情的な特性がなければならない。私の故郷に以前、テレビ広告を行っている自動車販売店があった。当時、父は簡単に笑うタイプの人間ではなかったが、この店の店長がテレビに映るといつも、爆笑したものだった。この宣伝マンはどうやらなんとか顧客獲得を図ろうとスポンサーを務めているようだが、1列に並んだピカピカの新車の前に立ち、抗鬱剤を飲んだ生気のない人のような調子で、「お客様のお越しををを…お待ちしています…」と言うのである。それは感情がまったくない機械が話しているような単調な言い方であった。それこそ、戦略ステートメントが質問の回答を単にホチキスで留めただけのようなものであれば、従業員もそのCMと同じような印象を受けるだろう。したがって、十分時間をかけて創造力を働かせ、人を引きつけるように戦略を明確に伝えられるステートメントを作り上げなければならない。以下がその好例である。

ニュー・ブルーム・フローラルは、バラの美しさと優雅さを格安で手に入れたいと願う消費者に、新鮮なバラの花束をお届けします。当社は南カリフォルニアのマーケットに焦点を絞ります。そこでは、価格に敏感な顧客に、地元の生産農家から短い流通経路で大規模小売店を経て商品を輸送することができるという、コスト優位性を引き出せるからです。

まさにこれである。英単語にしてわずか59語！　しかし、実に豊かな内容であり、的確に、また経済上のことも考えて4つの質問の答えが述べられている。ニュー・ブルームは花という商品によって前進を図っているが、バラのみを販売していることがわかる。他の花束は売らない。花瓶も売らない。販売するのはバラだけなのである。同社は南カリフォルニアに焦点を当てている。そこならば、花を地元で生産し、価格に敏感な顧客を標的とした市場に花を輸送するというコスト優位性を推進できるためである。したがって、どのように顧客に販売するのかという最後の質問に対する同社の回答は、低コストであるということがわかる。

また、ニュー・ブルームの戦略ステートメントは、見事に簡潔に将来の意思決定のためのしっかりとした土台を示したものになっている。もうこれでリーダーは、日々の業務を進めていく中で判断を要する機会がいつ訪れようとも、そのためのフィルターを有したことになる。その展望で標的とした顧客に対して低コストを確実なものにできるのか？　それは、南カリフォルニア市場に焦点を当てることによって得られる利点を推進できるだろうか？　それは、同社が選択した商品のターゲットであるバラの花束に関連性があるものなのか？　このようなプリズムを自由に用いて、組織のあらゆる階層にいるマネジャーや従業員は戦略的な選択に忠実なまま、情報に基づいた意思決定ができ、そして、より重要なことは、戦略に整合した意思決定を行うことができるのである。

戦略ステートメントについて最後にもう1つ言っておきたい。先に質問の回答をまとめ上げることについて述べたが、自社のステートメントは、根本的に自社の独特な文化を尊重して作成した方がよいだろう。組織の誰もが覚えている程長きにわたり、リスト上にあるすべてのことを行い、それがうまく機能してきたために、生き生きとした文章が人々の顰蹙《ひんしゅく》を買うだけであるようならば、是非とも今までのやり方を貫いていただきたい。

第9ステップ…戦略をレビューし、厳しく吟味する(注4)

新しい戦略を作り上げることが大変な作業であることは疑う余地がない。しかし、仮定というトンネルを通り抜け、新しい観点から情報を吟味し、最終的に大成功へ導いてくれると思われるステートメントができ上がった時、それは爽快で胸躍ることでもある。この精力的なプロセスにおいて、とくにゴールに近づいた頃、認識しておくべき重要な注意事項がある。それは、突然客観性を失うおそれがあるということである。これによりチームは、建設的なコンフリクトが少なくなり始め、すぐに意見の一致が見られるため、「集団思考」の腐食作用をこうむりやすくなる。

こうしたことを回避するためには、実際の戦略計画プロセスに携わらないメンバーを集めた、独立したグループを持ち、辿り着いた結果をレビューし、厳しく吟味することが重要である。この審査委員会の目的は、戦略を書き換えることではなく、戦略のワークショップの中で、ベテランのエグゼクティブでさえも嫌がったり不快に思うかもしれない難しい質問をすることなのである。また、この一団の仕事は、文書中のささいな欠点について戦略の作成者の揚げ足を取ろうとするような粗野な尋問と考えてはいけない。重ねて言うが、それは単に第三者的なレビューであり、その任務は、すべての仮定を疑問視し、厳しい質問を出した上で、おそらくこれがもっとも重要なことと思われるが、戦略策定チームに自分達が作り上げたステートメントについて熱のこもった、明確な、そして説得力のある擁護をする機会を必ず与えることなのである。この審査委員会のメンバーとしては、外部取締役会のメンバー、退職したエグゼクティブ、そして社内では気難しくて有名な人物なども候補となる。

戦略がこのレビューのプロセスを通過したら、次はその戦略を徹底的に組織の人々に伝えなければならない。私はワークショップで、組織の戦略を理解しているのは、標準的な従業員のわずか5％のみであるという統計値の話をしている。この数値がいかに深刻な状態であるか理解され始めたところで、私はなぜこのようなひどい数字がありうるのかをグループに問いかける。それは、戦略が幅広く伝えられていないからだ、という答えを何度聞いたことだろう。中小企業、大企業、政府機関、そして非営利組織に所属している人々は皆、こうした答えを口にした。したがって、私は科学的な調査のようなものは実施しているわけではないが、彼らの答えは価値あるものに違いない。

過去には、このコミュニケーション不足に関する問題の一環として、戦略を示した文書がアラスカの永久凍土層よりも分厚くなってしまうということもあったため、何らかの形に変換しなければ戦略を共有することは事実上不可能であった。あるいは、私の一癖ある懐疑的なワークショップの参加者の数名が何年にもわたり示唆してきたように、実はエグゼクティブ達自身が戦略について合意に達していないために、戦略を明確に述べることができないのではないだろうか?

本書で示したように、ロードマップ戦略を用いることによって、こうした危険性を排除することができる。このプロセスを通じて確実に、すべてのエグゼクティブが自らの眼前に広がる現実と向かい合い、自らの仮定に疑問を投げかけ、顧客の視点で物事を見た上で、最終的に今後の進路について共有した理解を反映する文書を作成することになる。さらに、このプロセスの成果として、戦略の要点を社内用語をまったく用いずに明確かつ容易に述べた、簡潔なステートメントができ上がるのである。

第10ステップ：戦略を遂行する

おめでとう！　これで皆さんは真新しい戦略を手に入れたことになる。激しい討論と審議の末に考え出され、信頼できる審査官による精鋭チームによって入念に審査され、従業員に絶え間なく伝達されることになった戦略が完成したのである。さて、次は何をすればよいのだろうか。ここから実際の作業が始まるのである。この簡潔なステートメントを遂行し、何を行うにしてもそれを反映させる、それを毎日毎日行い続けるのである。

われわれは1周巡って本書のイントロダクションに戻ってきた。私が本書を書いたのは、主として、戦略計画策定の現状に不満があったからであり、また、バランスト・スコアカードの実務家およびコンサルタントとしての私の仕事に影響があるからである。しかし、もし読者がここで著したアドバイスに従ってくれたならば、スコアカード・システムの多大な力をフルに用いて、戦略に命を吹き込む準備ができたことになる。そのテーマに関しては私の著書をお読みいただきたい。また、今後もひき続きローリーやシドニーから学んだ多くのことに注目していただけるよう願う。冒険はさらに続くのである。

（注）

1．ＩＤＥＯ社の例については、以下の文献を引用した。Phred Dvorak, "Business Take a Page From Design Firms," *Wall Street Journal*, November 10, 2008.

2．効果的なミッション・ステートメントの特徴と5回のなぜという方法に関する概略は、以下を参照されたい。Paul R. Niven, *Balanced Scorecard Step by Step: Maximizing Performance and Maintaining Results*, 2nd edition, Hoboken: NJ, John Wiley & Sons, 2006, pp.73-75.（清水孝監訳『ＢＳＣ戦略マネジメント・ハンドブック』中央経済社、２００９）

3．Dave Balter, "Conversation: Marketing CEO Dave Balter on Achieving the Corporate Full Monty," *Harvard Business Review*, October 2008, p.33.

4．このセクションの多く（吟味することの重要性）は、Paul B. Carroll and Chunka Mui, "7 Ways to Fail Big," *Harvard Business Review*, September 2008, pp.82-91によっている。

著者紹介

ポール・R・ニヴン（Paul R. Niven）

戦略、業績管理およびバランスト・スコアカードの領域における経営管理コンサルタントであり、多くの著書を著している。実務家およびコンサルタントとして、世界中のあらゆる規模の組織に対して、成功的な業績管理システムを開発してきた。クライアントにはフォーチュン５００に記載されている企業、政府自治体および非営利組織がある。主な著書としては *Balanced Scorecard Step by Step*（清水孝監訳『ＢＳＣ戦略マネジメント・ハンドブック』中央経済社、２００９）、*Balanced Scorecard Step by Step for Government and Nonprofit Agencies*（吉川武男・柿崎平訳『行政・非営利組織のバランス・スコアカード－卓越した組織へのロードマップ』生産性出版、２００６）、*Balanced Scorecard Diagnostics*（清水孝・長谷川恵一監訳『実践ガイド　バランスト・スコアカード経営』中央経済社、２００７）などがある。

訳者紹介

清水　孝（しみず　たかし）

早稲田大学大学院会計研究科教授　博士（商学）早稲田大学

1982年早稲田大学商学部卒業。1991年早稲田大学大学院商学研究科博士後期課程退学。朝日大学経営学部、早稲田大学商学部を経て、2005年より現職。2006年度～2008年度公認会計士試験委員。IMA（米国管理会計人協会）日本支部会長。

主な業績

『上級原価計算　第3版』（中央経済社、2011）、『脱予算経営への挑戦』（訳書、生産性出版、2010）、『スタンダード管理会計』（共著、東洋経済新報社、2009）、『BSC戦略マネジメント・ハンドブック』（監訳書、中央経済社、2009）、『演習　管理会計論』（共著、中央経済社、2008）、『戦略マネジメント・システム』（編著書、東洋経済新報社、2004）他多数。

翻訳協力者紹介

清水　扶慈子（しみず　ふじこ）

青山学院女子短期大学英文科卒業。住友商事株式会社勤務後、翻訳家として独立。工業英語等の翻訳を経て、現在、経営・会計の図書の翻訳を行う。

主な業績

『脱予算経営への挑戦』（翻訳協力、生産性出版、2010）、『BSC戦略マネジメント・ハンドブック』（分担訳、中央経済社、2009）、『実践ガイド　バランスト・スコアカード経営』（分担訳、中央経済社、2007）、『脱予算経営』（分担訳、生産性出版、2005）、『業績評価の理論と実務』（翻訳協力、東洋経済新報社、2004）他。

訳者との契約により検印省略

平成23年6月20日　初版第1刷発行

新たなる戦略への旅路
－ストーリーから学ぶロードマップ戦略－

著　者　Paul R. Niven
訳　者　清　水　孝
発行者　大　坪　嘉　春
印刷所　税経印刷株式会社
製本所　株式会社　三森製本所

発行所　〒161-0033 東京都新宿区下落合2丁目5番13号
株式会社　税務経理協会
振　替　00190-2-187408
電話（03）3953-3301（編集部）
（03）3953-3325（営業部）
FAX（03）3565-3391
URL　http://www.zeikei.co.jp/
乱丁・落丁の場合は，お取替えいたします。

ISBN978-4-419-05635-3 C3034